カント　信じるための哲学

「わたし」から「世界」を考える

石川輝吉

Ishikawa Terukichi

1137

NHK BOOKS

NHK出版【刊】

Printed in Japan
［図版製作］武内未英
［協力］遠山真佐美
［本文組版］天龍社

◉

【目　次】

序　章　〈ひとそれぞれ〉の時代のカント　7

信じるための哲学　〈ひとそれぞれ〉という世界　カント哲学の意味

「真理の思想」とポスト・モダン　〈ひとそれぞれ〉のなかの〈普遍性〉

第一章　近代哲学の「考える力」——合理論と経験論　27

1　考える「わたし」の誕生　29

人類の第二の火　デカルトが生んだもの

近代が獲得した足場　〈ひとそれぞれ〉が生んだ新たな問題

2　合理論の世界像　40

合理論の夢　スピノザの世界

3　経験論という批判思想　46

ロックとその時代　〈ひとそれぞれ〉の徹底者ヒューム

二〇世紀の合理論・二〇世紀の経験論

第二章　理性の限界――『純粋理性批判』のアンチノミー　57

1　純粋理性のアンチノミー　59
考える力には「批判」が必要である　「純粋理性のアンチノミー」からはじめる
理性の発する究極の問い　四つの世界理念　四組のアンチノミー

2　理性の限界を探る　73
第一アンチノミー　言葉と世界をめぐって　有限と無限の対立
理性の本性　起源の問いは無効である　世界はけっして知りえない

3　物自体とはなにか　94
「この道をいけば哲学に未来はない」　「にもかかわらず」という発想

第三章　「わたし」のなかの普遍性――感性・悟性・理性　101

1　主観という方法　103
超越論的哲学の誕生　カントの努力

2　感性と悟性　112
人間認識の二本の幹　感性と悟性が統一するもの
普遍的なもの「ア・プリオリ」　経験の入り口としての空間と時間
悟性論――一二のカテゴリー　超越論的哲学の狙い

3　統覚と構想力、理性　131
まとめる統覚とつなげる構想力　「理性には役割がある」

第四章　善と美の根拠を探る——『実践理性批判』と『判断力批判』　139
1　『実践理性批判』——〈普遍的なもの〉としての道徳　141
道徳法則という善の原理　カントにとっての道徳　自由をめぐるアンチノミー
道徳と自由　道徳と幸福　不死の魂と神の存在　カントの道徳論の意義
2　『判断力批判』——〈普遍的なもの〉としての美　158
美の謎　美の本質をめぐって　美から道徳へ　美のアンチノミー
美は道徳性の象徴　崇高という感情の意味　美の大家たち
スタンダールの恋　ニーチェの高揚　プラトンの善　カントの美の理論の問題点

第五章　カントから考える——ヘーゲル、フッサール、ハイデガー、アーレント　187
1　時間性と認識——ヘーゲル　189
経験は時間を通して豊かになる　発生を考える意義　発生的方法
2　本質と主観の哲学——フッサール　197
本質という〈普遍的なもの〉　主観哲学の未来　自然科学的な認識の問題
3　実存と認識——ハイデガー　204
『存在と時間』の気遣い　謎めいた構想力の魅力
時間とは気遣いのことである　『純粋理性批判』のハイデガー的読み替え
4　意味と他者——アーレント　213
物自体をどう考えればいいか　善の問題を美の問題として解く

終章 世界を信じるために 223
現代社会のアンチノミー　カントにとっての信じること　道徳的人間像への批判
攻撃性を解除する方法　生きる意味　この世界を信じるためには

参考文献 240

あとがき 243

序章

〈ひとそれぞれ〉の時代のカント

信じるための哲学

カントは言うまでもなく近代哲学のビッグネームだ。主著『純粋理性批判』は多くのひとに読まれ、日本での研究の歴史も長い。当然、カントについては多くの解説書、研究書が出版されている。だが、この二一世紀に生きるわたしたちにとってカントの哲学はどのような意義をもつかという問いになると、答えるのはなかなか困難だ。そのためには、カントの築いた難解な哲学の体系をあるていど理解したうえで、さらに、その現代的な意味を問わなくてはならないからだ。

本書はこの難しい問いに挑戦している。だから、この本は、カント哲学の解説書的な役割と共に、その現代的な意味も問う、という側面をもっている。

荘厳な寺院建築のような大伽藍《がらん》をなすカント哲学の体系については、なるべく大づかみにそれをまとめてみた。ここでは、『純粋理性批判』を中心に、『実践理性批判』と『判断力批判』、いわゆる「三批判書」の内容をできるだけコンパクトにまとめたつもりだ。

法隆寺の伽藍を説明する場合、そのもっとも基本的な構成部分である、金堂と五重塔と夢殿の三つを押さえるのが肝要だ。回廊や門はそれなりの魅力はもつが、議論は細かくなる。だから、この本ではカントの哲学体系を構成する三つの主な建物にだけしぼって、しかもその基本的な部分だけを解説した。

とはいえ、問題なのは、カントの哲学の現代的な意味だ。

本書ではそれを「信じるための哲学」とする。じっさいは、カントにとって、「信じる」とは「信仰」を、神への信仰を意味する。だが、本書で言う「信じる」とは、わたしたちが広く一般に使う「信じる」となんらかわりない。というのも、このふつうの意味での「信じる」という観点からカントを読むことではじめて、カント哲学は現代によみがえると考えるからだ。

カントの哲学の現代的な意味を問えば、カント本人の言葉を現代の文脈に置きなおす必要が生まれてくる。同時にまた、その哲学の原理を現代のわたしたちから見て、より有効なものへと推し進める必要もある。この本では、そうした試みをカント以降の哲学者の意見を土台に行ってみたい。だから、本書はカントの哲学から考える試みでもある。このことはカントの望んだことでもあるはずだ。カントの有名な言葉に、「哲学を学ぶことはできない、ただ哲学することを学ぶことができるだけだ」というものがある（『純粋理性批判』）。わたしたちは、カントの考えを学ぶのでなく、それを通じて自分でもって考え、哲学することが必要だろう。

もちろん、「信じるための哲学」というキーワードは、カントとはなんの関係もなく勝手に置いたものではない。このキーワードは、つぎのようなカント哲学の中心テーマの大きな流れと深くかかわっている。

カントの哲学上の功績は、まず、人間の認識能力の限界を定めた点にある。人間はすべてを知ることができない。絶対的な真理を把握することは不可能なのだ。このことを、どんな哲学者もかなわないほど徹底的に証明した哲学者がカントだった。わたしたちはこの点について、「純粋理性のアンチノミー」というカントの方法と共に詳しく見るだろう。

だが、それだけではない。絶対的な真理は不可能になった。それだけでは終わらないところにカントのすごいところがある。カントが進んだその先の道はつぎのようなものだ。

絶対的な真理といったものを認識することは不可能だ。だが、にもかかわらず、わたしたち一人ひとりの主観のなかに、それまで真理と呼ばれていたことの根拠がある。

たとえば、事物の真理。わたしたちは事物そのものを絶対的に認識することはできない。なんとなれば、この目の前に事物があることさえ疑ってみることができる。だが、だからといって、わたしたちはいま目の前に見ているこの事物（たとえば、この本）が、確かに存在していることを疑ってはいない。この事物の存在を固く信じている。その理由は、きちんとわたしたちのうちにあるはずだ。

カントは、その理由をだれにも共通の言葉（普遍的なもの）として取りだせる、と考えた。主観のなかから〈普遍的なもの〉を取りだす作業。これがカントが独自に考えた主観の哲学の方法だ。

善や美といったわたしたちの生きることを支える大切な価値についても同じことが言える。善は神や偉いひとが握っているわけではない。ある美しい対象そのものがあるわけではない。どこかに絶対的な真理として善そのもの、美そのものがあるわけではない。にもかかわらず、わたしたちはあることがらが善であり、あることがらを美しいと固く信じている。その理由は、わたしたちの主観のうちにある。わたしたちのうちには、なにを善いと言い、なにを美しいと言うかの根拠がきちんとある。

ようするに、こうだ。事物についても善や美についても、それまでは「わたし」の外側になにか絶対的な根拠、絶対的な真理があると考えられていた。しかし、カントはそういう考えをとらない。そうではなく、「わたし」という主観のうちに事物や善や美といったものがあることの共通の根拠がある、と考えるのだ。いわば「わたし」から「世界」を考えること、ここにカントの主観の哲学の独創がある。

こうした説明ではまだ不十分だろう。わたしたちは、カントの主観の哲学の展開をあとで詳しく見ることで、その意味をはっきりさせよう。だが、つぎの点だけは押さえておく必要がある。

カントの哲学は、「どこにも真理はない」ということを徹底的に証明するものだ。しかし、にもかかわらず、わたしたち一人ひとり、それぞれの主観のうちに、普遍的なものを探ろうとする。

どこにも真理がない、と主張するだけなら、懐疑論や相対主義で十分だろう。だが、カントは、この世界に事物があり、善や美があることの理由を、主観のなかからだれにも共通であるような言葉で取りだそうとする。

これは、真理そのものを取りだす哲学ではない。だが、疑うための哲学でもない。この世界を、事物の存在や善や美があることを、「わたし」の側から「信じるための哲学」なのだ。

しかし、いま、なぜ、「どこにも真理はない」とする哲学、「主観のなかから普遍性を取りだす」哲学、「わたしから世界を考える」哲学、「信じるための」哲学が必要になるのか。ようするに、いいま、なぜ、カントの哲学なのか。

現代はある意味で、カントの哲学を必要とする条件がせり上がってきたような時代だと言える。

その点から、カント哲学の意味をもう少し輪郭づけてみたい。

〈ひとそれぞれ〉という世界

じつは、「どこにも真理はない」という感覚は、すでにわたしたちの日常感覚としては一般化しているはずだ。それは〈ひとそれぞれ〉という言葉に象徴的にあらわれている。

わたしたちはいま、〈ひとそれぞれ〉という言葉をほんとうによく使っている。考えてみれば、このような時代はある意味で幸せだと言える。というのも、この言葉は、個々人それぞれが自分固有の考えや感覚をもっていることを認めている世界の言葉だからだ。

もし、わたしたちが、強力な権威や権力によって支配されている世界に生きているとしたらどうだろうか。〈ひとそれぞれ〉と言うことはまずできないだろう。こういった世界では、支配者の考えや感覚が真理だ。大切なことは、その真理にみながしたがい、一体となることであって、そもそも、個々人に、自分自身で考え、検証し、納得する根拠など存在しない。いわば、「みんないっしょ」でなくてはならないのだ。

ところで、あらゆる真理の思想に反対し、二〇世紀の思想に大きな影響を与えたニーチェに、つぎのような有名な言葉がある。「自分の正義をしきりに力説する者すべてに、信頼を置くな!」(『ツァラトゥストラはこう言った』)。この言葉はかつて（おそらく一九九〇年代ぐらいまでは）とても人気があった。

たとえば、もし、「社会はこうあるべき！」「ひとはこう生きるべき！」という主張や命令をだれかからつきつけられたら、わたしたちはとても抑圧的に感じるだろう。反発したくもなる。ニーチェの言葉は、こうした抑圧的な物言い、つまり、絶対的な真理の言葉に、「どんな権利があってそんなことを言えるのか。絶対的に正しい社会の方向なんてない、正しい生き方なんてないはずだ」とアンチをつきつけているのだ。

こうした言葉に代表されるニーチェの思想が注目されはじめたのは、二〇世紀の後半からだった。それは、当時の真理の思想であり、社会のあり方を客観的に把握し、社会変革と正義の可能性を疑いなく示していると思われていたマルクス主義の問題点が明らかになった時期でもあった。多くの人びとは「革命の理想や絶対的な正しさのもとに、いかに多くのひとの命と自由が奪われただろうか。正義を力説し人殺しを行う、こんなひどいことはない」とマルクス主義に疑問を感じた。そこで、これがほんとうに正しい社会だ、これがほんとうに正しい生き方だ、という言い方をいっぺんに批判するニーチェの思想が注目されたのだ。

「正義を力説する者に信頼を置くな！」と同じように、「いっさいは解釈である」（『権力への意志』）というニーチェの言葉も人気があった。この言葉は、抑圧的な物言いに対して、「絶対的な真理や正しさなどなくていい、いろいろな解釈（考えや生き方）があっていい」という言葉として、多くのひとに受けとられた。これが、人びとを力づける言葉であったことはまちがいない。

絶対的な真理などどこにもない、みな〈ひとそれぞれ〉でいい。絶対的なものの抑圧があった時代、そのように考えることは、多くのひとを元気づけたにちがいない。〈ひとそれぞれ〉という言葉は、新しく、力をもっていたはずだ。

だが、むしろいまのわたしたちは、やけに物分かりのいい言い方の氾濫する時代に生きていないだろうか。

もちろん、いかにも「自分の言うことは真理である」といった具合に、正しさを無理やり押しつけてくるひとはいまでもいる。

しかし、一方で、「あなたの好きなようにやりなさい」と言ってくるひとも多いはずだ。じっさいはこうした言い方の裏に、さまざまな圧力がかかっていることもあるが、〈ひとそれぞれ〉に考え方や生き方があっていい、と自分から積極的にそのことを認めてくるひとも多いはずだ。

それに、相手だけではない。わたしたち自身も他人とのやりとりのなかで、〈ひとそれぞれ〉でもって過剰に相手の立場や意見を尊重し、自分の言いたいことを抑える傾向がある。

どこにも真理はない。だれも「社会はこうあるべき!」「ひとはこう生きるべき!」ということを絶対的な真理の立場に立って言うことはできない。みなが主観という、そこに自分固有の考えや感覚があらわれる場所をもっている。このようにまとめると、〈ひとそれぞれ〉は、ある意味で自由な社会の条件だとさえ言える。

だが、それだけでは足りないことも事実だ。この先にある問題に、カントの哲学が「主観のなかから普遍性を取りだす」哲学、「わたしから世界を考える」哲学、「信じるための」哲学であることの意味が深くかかわっている。わたしたちは、まず、〈ひとそれぞれ〉の問題から見てみよう。

カント哲学の意味

わたしたちが〈ひとそれぞれ〉という言葉を使う場面に注目してみよう。友人と話をしていて、好きなテレビ番組がちがうことはよくある。そんなとき、〈ひとそれぞれ〉という考え方はそれほど問題にはならないだろう。むしろ、ケンカを避けるいい考え方かもしれない。

だが、わたしたちは、重要な話し合いの場面で、たとえば、クラブの運営や仕事の方向性をめぐってひとと議論するときも、「まあ、みな人それぞれなんだから……」と解決をあいまいにしてはいないだろうか。

相手の言うことに納得できないことがあっても〈ひとそれぞれ〉で済まして、あとで「しっかり議論しておけばよかった……」と後悔することもある。それどころではなく、話し合いの場全体、参加者の全員が〈ひとそれぞれ〉の雰囲気になり、議論や決定が「なんとなく」で終わってしまうこともある。

人間関係でも、どうも他人に気を遣ってしまい、ほんとうは言いたいことがあるのに、〈ひとそれぞれ〉で済ましてしまうことがある。たとえば、友人の性格のよくないところを指摘したいのに、

「まあひとそれぞれだから……」とがまんしてしまうこともあるのではないか。〈ひとそれぞれ〉は、自分の考えていることや感じていることを他人と交換して共通の言葉を探したり、共通のアイデアをつくりだしていく努力をあいまいにしてしまう言葉でもあるのだ。

もちろん、いつも他人と真剣にやりとりするのは疲れるし、どうしても関係がうまくいかない相手もいる。だが、〈ひとそれぞれ〉で片づけてしまうと先に進めない問題があるのも確かだ。よく言われるような、「みんなちがってみんないい」だけで問題がすべて解決するわけではないだろう。そうなれば、なにが善くてなにが悪いか、まったく決定できなくなってしまう。

こうしたことは、権威や絶対的な物言いが倒れ、「みんないっしょ」が強制されなくなり、だれもが自分の考えや感覚、立場や意見をもつことができるようになった先に見えてくる問題だ。

おそらくわたしたちは、だれも真理の立場に立てないことをうすうす知っている。ところが、どうだろう。じつは話し合いの場面、議論する場面で、わたしたちの主観のうちに「ほんとう」と言っていいものがあるのではないだろうか。

たとえば、この仕事はやはりこういう方向にもっていったほうがいい、このことはだれもが納得してくれるはずだ、という思い。あるいは、やはりひととして友達の生き方はまちがっているという感覚。そういうものを、わたしたちは自分の内側に、ある意味で、他人には言わないかたちできちんともっているはずだ。こうした思いや感覚は、言われずに眠っている。あるいは表現されることを待っている。

もちろん、真理を言い渡す特権的な立場がどこにもない以上、わたしたちは〈ひとそれぞれ〉の主観の場所でしか考えられない。

だから、自分のなかにある、だれもが納得してくれるだろうというプラン、ひととしての生き方、といったものは、絶対的なものではない。こうした、「だれもが」「ひととして」「他のひとと共に同じ」といった感覚は絶対的な真理と呼ぶべきではないだろう。むしろそれは、だれにも共通だと思われるものと考えるべきだ。これを〈普遍性〉あるいは〈普遍的なもの〉と呼んでみたい。

もちろん、この〈普遍性〉〈普遍的なもの〉というキーワードに抵抗をもつひともいるだろう。また真理の立場を復活させるのではないか、と。だが、このキーワードの意義はカントの哲学の意義を伝えることによって次第に明らかにしていきたい。

カントの哲学の意義は、〈ひとそれぞれ〉の主観のなかから〈普遍性〉を取りだす点にある。この発想の意味と独自性は計り知れない。おそらく、哲学の原理としては現代もこの方法以外にはありえないだろう。

だが、つぎのように考えるひともいるかもしれない。〈ひとそれぞれ〉の問題は、カントの方法に頼らずとも、もういちど、真理を言い渡すような絶対的な場所を復活させてしまえば解決できるのではないか、と。そして、じっさい、二〇世紀には、この方法が行われたのだ。

わたしたちの多くは、絶対的なものを復活させればいいという方法がはらむ問題点を、リアリティと共に考える想像力をもちあわせていない。だが、この問題はいちど考えていたほうがいい。というのも、いまのわたしたちの〈ひとそれぞれ〉の雰囲気は、絶対的な真理の思想に対する批判を土台に生まれているとも言えるからだ。さしあたってそれは、二〇世紀、マルクス主義批判として展開した。

「真理の思想」とポスト・モダン

推理小説家としてだけでなく社会思想家としてもよく知られている笠井潔に『テロルの現象学』というマルクス主義批判の本がある。その内容にここで細かく触れることはできないが、ここには、〈ひとそれぞれ〉の抱える不遇感や社会を善くしようという思いが、革命を行う党という絶対的な真理を言い渡す場所に統合されて、かえってグロテスクな暴力を生みだしてしまう様子が克明に描かれている。

あえて言うなら、これは、あるまじめな悩める文学青年が革命家になり、その革命の理念のために、自ら進んで人殺しをし、さらに、自分自身の命さえ否定してしまう、といった、なんとも苦しく倒錯した観念遍歴の物語だ。

笠井によれば、革命を代表する党とは、けっして誤らない絶対的な知として、正しさを握っている真理の場所として、社会変革を志す者たちに受けとめられていた。この認識が原因となって、革命の名のもとにおけるテロル、血なまぐさい歴史がはじまったと笠井は言う。ここにその例を挙げよう。

レーニンの党による戦時共産主義とクロンシュタットなど民衆叛乱の弾圧、他党派の暴力的解体による政治的民主主義の圧殺と一党独裁の恐怖政治、血の粛清とモスクワ裁判、強制農業集団化と「絶滅＝労働収容所」群島の形成、そしてこの人類の災厄といっていい収容所国家の防衛と自己増殖のためには手段を選ばぬ国際的権力政治、すなわちスペイン革命の圧殺と独ソ不可侵条約、等々……。

――笠井潔『テロルの現象学』

このテロルの系列は、中国文化大革命、ポル・ポト派による大虐殺《ぎやくさつ》、そして、連合赤軍事件へとつながっていく。

わたしたちにとって、こうした問題はもはや馴染《なじ》みのないことだし、すでに過去のものにすぎない、と言うひともいるかもしれない。しかし、笠井のこの指摘を忘れてはならないはずだ。これは、もし仮に今後、〈ひとそれぞれ〉の問題をけっして誤らない絶対的な真理の思想や立場をどこかにもうけて解こうとすれば、あの災厄の道がふたたびあらわれるだろう、という警告になっているのだ。

だから、〈ひとそれぞれ〉の場所の乗り越えは、絶対的な真理への回収であってはならない。〈ひとそれぞれ〉の問題を、真理を言い渡す絶対的な場所を復活させて解こうとすれば、あの血なまぐさい歴史が証明するように、わたしたちの自由はかならず扼殺《やくさつ》されてしまうだろう。

こうした問題は、ポスト・モダンと呼ばれる思想にもよく自覚されていただろう。「ポスト・モダン」という言葉はよく知られているが、その意味するところはなかなか多義的だ。だが、たとえばその特徴は、ポスト・モダンの代表的思想家として知られるジャン＝フランソワ・リオタールの「大きな物語」というキーワードをきっかけにするとよくわかる。

リオタールは「モダン」と「ポスト・モダン」のちがいを説明するために、モダンの特徴についてつぎのように述べている。

［…］科学はみずからのゲーム規則を正当化しなければならない。すなわち、科学はみずからのステータスを正当化する言説を必要とし、その言説は哲学という名で呼ばれてきた。このメタ言説がはっきりとした仕方でなんらかの大きな物語――《精神》の弁証法、意味の解釈学、理性的人間あるいは労働者としての主体の解放、富の発展――に依拠しているとすれば、みずからの正当化のためにそうした物語に準拠する科学を、われわれは《モダン》と呼ぶことにする。

――リオタール『ポスト・モダンの条件』

難解な言い方だが、ここではつぎのことが述べられている。あらゆる科学（学問）の根本に置かれ、諸学問を正当化する言説（言葉の体系）として哲学はあった。この哲学をいちばんおおもとで支えるのが「大きな物語」だ。

「大きな物語」でリオタールが想定しているのは、つぎのようなことがらだろう。たとえば、ヘーゲルは人類がしだいに自由を実現する発展の歩み（弁証法）として歴史を描いた。マルクスは、このヘーゲルの歴史のとらえ方に経済的条件の発展の文脈（史的唯物論）を取り入れ、人類の解放の道を理論づけようとした。

これまで哲学は、人間と社会のあり方はますます自由を実現するものになっていく、という理念を支えとしてきた。こうした人間や社会の進むべき方向を全体的に示す見取り図（ヘーゲルの哲学やマルクス主義の理論）をリオタールは「大きな物語」と呼び、「モダン」とする。

一方、「ポスト・モダン」はつぎのように特徴づけられる。

極度の単純化を恐れずに言えば、《ポスト・モダン》とは、まずなによりも、こうしたメタ物語に対する不信感だと言えるだろう。

——リオタール『ポスト・モダンの条件』

ここでの「メタ物語」とは「大きな物語」を意味する。そして、リオタールによれば「ポスト・モダン」は「大きな物語」への不信感を意味するという。

こうした主張の背景には、直接的には、マルクス主義への不信感がある。「大きな物語」は、はじめ人類の希望としてあらわれた。しかし、これまで見てきたように、それは、絶対的な真理の立場からの大量粛清《しゆくせい》、戦争の災禍《さいか》、人びとの抑圧という結果を生んだ。

ポスト・モダンの思想家たちはこのことに敏感だ。批判は「大きな物語」、真理の立場に向けられる。こうした思想は、すでに見たニーチェの「正義を力説する者に信頼を置くな!」「いっさいは解釈である」という言葉とあいまって、二〇世紀の一大批判思想の流れとなったのだった。

〈ひとそれぞれ〉のなかの〈普遍性〉

リオタールが「大きな物語」と言うとき、そこには、ヘーゲル哲学の体系性やマルクス主義のもつ一義的な理念、究極で絶対的な真理という意味が含まれている。ポスト・モダンは「大きな物語」には依拠しない、というリオタールの主張は、一義的な理念、究極で絶対的な真理を前提としないことを意味する。こうした「大きな物語」への批判の理由としては、すでに見たように、マルクス主義の真理のイデオロギーに根ざした殺戮《さつりく》という事態を考え合わせればいいだろう。

だが、また、唯一の真理を否定することには、さまざまな世界像の成立の可能性を示す意図も含まれている。このことは、ヨーロッパ中心の人間像、世界像を相対化し、文化の多様性を認めることに通じている。

こうして、ポスト・モダンの思想が「大きな物語」、真理の思想に対して立てるのが、まさに、〈ひとそれぞれ〉という原理だったと言えるのではないだろうか。リオタールはつぎのように言っている。

［…］到来しつつある社会は、［…］むしろ一層、分子論的な言語行為論に属しているのだ。多くの異なった言語ゲームがあり、すなわち、言語要素の異質性がある。

――――リオタール『ポスト・モダンの条件』

これもまた難解な言い方だが、ここで、リオタールは、一義的な理念、唯一の真理が支配する社会や制度に対して、「多くの異なった言語ゲーム」、つまり、多様性を対置している。簡単に言えばこうだ。ポスト・モダンの思想がマルクス主義的な社会像に対して立てる新しい社会像は、〈ひとそれぞれ〉を認めた多様で自由な社会となる。

しかし、わたしたちは、こうした社会をすでによく知っている。ポスト・モダンの思想は、マルクス主義批判として出発し、多様で自由な新しい人間や世界の像を提示することができた。だが、その像は現在、それほど新しい理想ではなく、むしろ、わたしたちの現実をよく言い当てた思想となっていると言えるだろう。

むしろわたしたちはいま〈ひとそれぞれ〉の時代のなかにあって、その問題点を感じているはずだ。カントのなかには、この問題を解く可能性がある。それは、〈ひとそれぞれ〉の問題を、絶対的な真理や「大きな物語」を復活させる方向に進めるのではなく、〈ひとそれぞれ〉の主観のなかから〈普遍性〉を取りだすというやり方である。これは、絶対的な真理ではないかたちで〈普遍性〉を示すことだ。

いまわたしたちは、〈ひとそれぞれ〉を手放すことなく、他者と共有できる言葉をつくりださなくてはならない局面に来ているはずだ。そうした言葉をつくりだすヒントが、じつはカントのなかにあるのだ。

いまでは、だれでもうすうす、真理を言い渡す絶対的な立場などどこにもなく、みな〈ひとそれぞれ〉の主観であることを知っている。そのなかで、〈ひとそれぞれ〉に疲れたあるひとが、相手に向かって、「やはりこのプランがいいと思います」「そういう態度はよくないと思うよ」と自分のなかでほんとうだと思えること、つまり、自分のなかの〈普遍性〉を控えめにでも言えるようになること。そして、これを他者と交換すること。こうしたことは、カントからはじまる哲学的態度だと言えるはずだ。

そして、このように他者と言葉を交換することは、わたしがこの世界をよいものだと、わたしはこの世界に生きていてもいいのだと、少しでも信じることができることに通じているはずだ。

わたしたちはカントの哲学をつぎの順に見ていこう。

第一章　近代哲学の「考える力」
第二章　理性の限界
第三章　「わたし」のなかの普遍性
第四章　善と美の根拠を探る

第五章　カントから考える
終　章　世界を信じるために

各章の流れをここで簡単に示してみよう。

第一章では、〈ひとそれぞれ〉というキーワードをもとに近代哲学を読み解く。ここでは、カントが自分の哲学を育んだ背景と共に、近代哲学の現代的な意味も示す。第二章では、カントの「純粋理性のアンチノミー」という方法を、だれも真理や客観の立場には立てないことを徹底的に示す原理として位置づける。第三章と第四章は、カントの主観の哲学の展開を、〈ひとそれぞれ〉の主観のなかから真理や客観ではなく〈普遍性〉を取りだす作業の具体例として扱う。第五章はカント以外の哲学者を扱い、カントの置いた哲学の原理をさらに先に進めるよう試みた。終章では、カントの哲学から信じるための哲学の可能性を探ってみたい。

まず〈ひとそれぞれ〉というキーワードをもとに近代哲学を読み解くことで、わたしたちはカントの哲学の現代的な意味を解明する入り口に立ってみよう。

さしあたって、ここで中心的に扱うのは、考える主観の誕生（デカルト）、合理論（スピノザ）、経験論（ヒューム）といった哲学の大きな流れだ。カントはこの流れとそれぞれの思考のあり方の問題を一手に引き受け、自分の哲学をつくりあげたのだ。

第一章

近代哲学の「考える力」

合理論と経験論

1　考える「わたし」の誕生

人類の第二の火

〈ひとそれぞれ〉、わたしたちのだれもがもつこの主観という場所はもともとあったものではない。それは、近代になって人間がやっと手に入れた、自分で考えるための大切な足場だ。このとき、人間は「わたし」から「世界」を考える力を獲得した。これは、人間にとっての第二の火の獲得と言っていい。

古代ギリシアの悲劇作家アイスキュロスに『鎖につながれたプロメテウス』という作品がある。プロメテウスは、神々の世界から火を盗み、それを人間に与えた神（巨人族）としてギリシア神話ではよく知られている。神々のなかの神ゼウスはこの所業に怒り、プロメテウスをコーカサス山脈に鎖でつなぎ、大鷲に肝臓を食わせるという責め苦を負わせた。神であるプロメテウスは不死身だから、この苦しみを永遠に受けることになる。

アイスキュロスの悲劇では、非常に大胆で勇敢なプロメテウス像が描かれている。ゼウスの部下であるクラトス（権力の神）とビアー（暴力の神）によって鎖につながれたプロメテウスは、自分の罪を悔いよ、と勧めるヘルメス（ゼウスの使い）らに対して、自分は人間に火を与えたことをけっして悔いていない、自分は進んで責め苦を受ける、となんとも雄々しく答える。わたしの身体を引き裂きたかったらいくらでも引き裂け、といった具合だ。

ここにはひとつの寓意を見ることができる。人間は火〈文明〉を手に入れた。それは、人間の輝かしい進歩のはじまりであると共に、恐るべき災厄〈戦争や自然の破壊〉のはじまりでもある。プロメテウスがゼウスに罰されなくてはならないのは、火というこの災厄の元凶を人間にもたらしたからだ。では、なぜ、プロメテウスはそれを与えたことを後悔しないのか。それは、火は、人間にとってさまざまな災厄の原因であるにもかかわらず、それでも肯定されなくてはならない、と考えるからだ。

ニーチェはこのプロメテウス的あり方を「災厄の是認」として高く評価した（『悲劇の誕生』）。これは、のちに「ディオニュソス的」という言葉でまとめられ、ニーチェの思想の中心概念となる。人間の欲望はさまざまな矛盾を生みだす。にもかかわらず、欲望は肯定されなければならない。「ディオニュソス的」という概念には、こうした意味が含まれている。

じつは、このことは、わたしたち一人ひとりが手にした、主観という足場についても言える。わたしたち一人ひとりは、考える力を手にした。それは、現代的に言えば、どこにも正しいことはない、すべては〈ひとそれぞれ〉の考えである、という問題を生みだしている。だがそれでも、その考える力、主観の場所は肯定されなくてはならない。

しかし、さしあたって、わたしたちは、この〈ひとそれぞれ〉の問題が生まれた場面からたどってみよう。火（文明）に問題があるように、わたしたちの考える力にも問題がある。それは、まずはじめに不毛な論争やイデオロギーという新しい権力や暴力を生んだ。

カントは、その問題を、「主観のなかから普遍性を取りだす」というかたちで解こうとする。だが、近代哲学は、そういう方向からは問題を解くことを知らなかった。そこに不毛な議論やイデオロギーといった問題が生まれる理由がある。

その理由は、ひとことで言って、近代哲学が〈ひとそれぞれ〉の問題を、「客観」を言い当てる、という方向で解こうとしたことにある。近代哲学の中心問題はよく、主観・客観の認識問題だと言われるが、そのことの意味は、主観は絶対的な真理（客観）に至れるかどうか、という問題にある。これから見る哲学者たちはどこかに絶対的な真理の立場を置いてこの問題を解こうと試みた。〈ひとそれぞれ〉の問題を絶対的な真理（客観）を置くことで解こうとしたのだ。

人間は、神や権威や権力から、考える力を奪いとった。いわば、神から火を盗みとったのだが、それを手に入れた瞬間から、さまざまな問題につきあたることになった。

まず、わたしたちは、人類が第二の火＝〈ひとそれぞれ〉に考えることができる「主観」を手に入れた瞬間から見ていこう。これから語られる近代哲学のおおまかな歴史は、この火をめぐる、ある困難の歴史と思ってほしい。

デカルトが生んだもの

デカルトの「われ考えるゆえにわれあり」という言葉はあまりにも有名だ。この「考えるわれ」

というのは、わたしたち一人ひとりの主観のことだと考えればいい。だからデカルト哲学は、人間理性（考える力）の独立宣言とも言われる。

デカルトのこの主観の意味は、「方法的懐疑」という、ある独特の吟味の方法と一対のものであることにわたしたちは注目すべきだ。これは、わたしたち一人ひとりの勝ち取った主観という考える足場は、「どこにも真理はない」という考えと一対になっていることを示している。では方法的懐疑とはどのようなものか。

まずつぎのように想定してみよう、とデカルトは言う。

ある悪い霊がいる。すべては、この悪い霊によって見させられている夢だ。数学や論理学といった学問の真理はこの悪い霊によって騙されて、真理だと思い込まされているものかもしれない。この目の前にある事物やこの世界、さらに、その事物やこの世界を感覚しているはずのわたしの身体さえもほんとうはないかもしれない。いっさいは、悪い霊によって欺《あざむ》かれた偽りの像だと考えてみよう。

これは気味の悪い話だ。だが、わたしたちの疑う能力のつまみを「MAX」にしてみれば、このようなことを想定できなくはない。この世界も、わたしの身体も、学問的に真理とされているものも、わたしがほんとうだと思うことのすべては、じつは「悪い霊」に仕組まれたまやかしかもしれない。こうなると、およそ真理とされるもののすべてがよくわからなくなる。いま目の前にこの本があり、それを指でめくっていること、こうしたことさえほんとうかどうか疑わしくなるのだ。

だが、デカルトは、いっさいは疑わしい、と言いたかったわけではない。デカルトの懐疑は方法的懐疑、つまり確実なものを見つけるためにあえてとった方法だった。わたしたちは、この現実、あらゆる真理と呼ばれるものを疑うことができる。にもかかわらず、疑えないものがある。デカルトはそれを取りだそうとしたのだ。

デカルトは懐疑を限界までたどったうえで、つぎのような唯一疑いえない「確実なもの」が存在すると言う。

> しかしながら、そうするとただちに私は気づいた、私がこのように、すべては偽である、と考えている間も、そう考えている私は、必然的に何ものかでなければならぬ、と。そして「私は考える、ゆえに私はある」というこの真理は、懐疑論者のどのような法外な想定によってもゆり動かしえぬほど、堅固な確実なものであることを、私は認めたから、私はこの真理を、私の求めていた哲学の第一原理として、もはや安心して受け入れることができる、と判断した。
>
> ――デカルト『方法序説』

わたしが、すべては疑わしい（偽である）、と考えているとき、そう考えていること自体は疑えない。ためしに自分でやってみてもわかる。わたしはこの現実、ほんとうと思われることのすべてが悪い霊の仕組んだまやかしだと疑うことができる。しかし、そう疑っていること自体は疑えない。

デカルトは、このときわたしは疑わしいと考えているものとして確かに存在する、と言う。これが、デカルトが置いた哲学の出発点、有名な「われ考えるゆえにわれあり」なのだ。

考える「わたし」は、疑うだけではなく、「そのとおりだ」と納得したり、「こうしよう」と自分の意志を示したり、「こうなったらいいな」「ああなったらいいな」と想像したり、苦しんだり喜んだりといった自分の感覚をもったりする。「わたし」とは、わたしたち一人ひとりの精神的な活動を広く意味する。こうした疑えない、絶対的な唯一の場所として〈ひとそれぞれ〉の主観は誕生したのだった。

近代が獲得した足場

ところで、デカルトが示した方法的懐疑は中途半端な懐疑論より、よほど徹底している。そしてその哲学的な意味は深い。

なぜそう言えるのか。それは、たとえば、悪い霊がある日とつぜん、わたしたちにその欺きのからくりを解いて、いままでお前に見させていたのはわたしのつくった夢だ、と告げたときにわかる。

そのとき、おそらくそこには、身体や感覚器官のないわたし（たとえば、ぺらぺらの下敷きのようなわたし）と悪い霊がいる、という現実があるだろう。

だが、その現実がまた夢かもしれないと疑えるのだ。

わたしのほんとうの姿はぺらぺらではないかもしれない。この目の前に悪い霊がいることは夢かもしれない。そうなると、こんどは、その現実らしき夢を見させている新しい悪い霊と新しいシステムを想定することになるだろう。でも、もうおわかりのように、こうした想定は無限に続く。つまり、デカルトの方法的懐疑が徹底的な意味で示したのは、悪い霊のように、お前の見ていたのは夢だ、ほんとうの現実とはこれだ、と言い渡せるような特権的な立場というのはけっしてありえない、ということなのだ。

現実そのもの（ほんとうに、世界があること、わたしが身体をもっていること、事物があること）ということには、いつまでも疑いの可能性がある。たとえ、悪い霊があらわれ、すべてを明らかにしたとしても、その現実がまた新しい悪い霊に見せられている夢かもしれない。この想定は無限に続き、けっきょく、真理を教える悪い霊の立場というものはどこにもないことがわかる。

だが、一方で、いつまでも確かなものがある。仮に、悪い霊によって見させられている夢かもしれない、と疑えたとしても、わたしが確かにその世界を現実と感じていること、そのこと自体は疑えない。また、もしもの話だが、とつぜん、悪い霊があらわれて、すべてを明らかにしたあとでさえも、わたしが、かつて悪い霊のつくった映像を現実だと信じたこと、そして、目の前に悪い霊があらわれ、現実を知らされて驚いたこと、最後には、その悪い霊とぺらぺらのわたしのいる現実さえ疑えると気づいたこと、こうしたこと自体は疑えない。

ようするに、現実を疑ったり、現実を信じたり、そう信じられた現実のなかでさまざまに感じたり考えたりすること、そういうはたらきとしての「わたし」だけが、いつも疑いえない確実なものとなるのだ。

この「わたし」、デカルトの言い方で言えば、考えるものが「主観」となる。そして、その「わたし」の考えている対象そのものが「客観」となる。

ところで、デカルトの方法的懐疑を突きつめれば、そもそも客観という考え自体がありえない、ということになる。悪い霊のような特権的な立場はどこにもありえないからだ。だから、〈ひとそれぞれ〉の主観という場所しか確実な場所はないことになる。このことの意味は、現代を生きるわたしたちにとっても重要だ。

デカルトが一七世紀当時の新しい学問、数学や自然科学に深く接していたことはよく知られている。新しく生まれた学問は、君主や神といった権威ではなく、自分で筋道を立て、検証できることのみを頼りとした。たとえば、近代天文学・物理学の祖であるガリレオが教会と対立したことはよく知られている。近代の新しい学問は自分自身で考えぬいた仮説と観察を根拠に論を展開した。だから、ある意味で、デカルトの考える「わたし（主観）」とは、近代の科学者たちの姿だったとも言える。彼らは、「わたし」を唯一の足場として、権威によらずあらゆるものごとを疑い、理解し、吟味し、検証したのだから。

そう考えると、デカルトの「方法的懐疑」は、教会のような絶対的な権威はどこにもない、ということを示したと言える。教会は、ほんとうの世界とはこういうものだ、と客観を特権的に言い渡そうとする。その立場はまるで悪い霊のようだ。だが、そのような立場はどこにもない、と。すべての根拠は、権威の側にではなく、自分で考える「わたし」の側にあるのだ。

この二一世紀を生きるわたしたちは、「ひとそれぞれ」と、とても簡単に言う。それはあたかも自明のことのように思っている。だが、そう言えるのも、デカルトを含め、近代の人間が権威や権力に抗いながら主観という場所を獲得したからなのだ。

しかし、わたしたちが〈ひとそれぞれ〉を手に入れたからこそ、新しい問題が生まれる。

〈ひとそれぞれ〉が生んだ新たな問題

デカルトの方法的懐疑は、客観的な立場というものはありえない、ということを徹底的に示した。そして、だれもがものごとを検証し、納得する主観としてあることだけを確実な原理として置いた。だが、つぎのような問題が自然に出てくる。

だれも客観の立場に立つことはできない。そのことはわかった。すべては悪い霊に仕組まれた夢であると疑うことができる。しかし、にもかかわらず、わたしたちは、この現実もこの目の前の事物もきちんと存在していると固く信じている。もし、この世界が〈ひとそれぞれ〉の勝手な思いこみ、あるいは、夢であると思うなら、よく言われるように、わたしたちは、走っている電車に飛び込むこともできるだろう。だが、もちろん、わたしたちのほとんどはそんなことをしない。こうしたことの理由はどこにあるのか。

ようするに、すべてが主観的なものだとすると、だれもが共通にこの現実があると固く信じていることの理由がわからなくなるのだ。

そこで、この問題の解決として、デカルトは客観を復活させる。デカルトは、主観と客観は一致しうる、と言うのだ。デカルトは、悪い霊ではなく、善良な神がいる、だからわたしたちの認識は真理を把握できる、というちょっと独特のやり方で〈ひとそれぞれ〉の問題を解決しようとする。そのやり方を見てみよう。

まず「わたし」という確実な場所がある。この主観のうちのさまざまな像(イメージ、観念)は確実と言える。わたしはさまざまなイメージや観念を感じ思っているそのこと自体は疑えない。さて、こうした観念を調べてみると、「わたし」には「神」の観念があることがわかる。だが、この観念はどこから生まれたのだろうか。

そもそも、「神」の観念は「永遠で、無限で、全知で、全能で、自己以外のいっさいのものの創造者」をあらわしている。神の観念は、いわば完全な存在の観念だ。そうであれば、この観念は「わたし」から生まれたはずはない。なぜなら人間はものごとを疑う不完全な存在だから(もし、人間が完全な存在であれば、すべてをわかっているわけだから、なにかを疑うことなど、ありえないはずだ)。

完全なもの(神の観念)は、不完全なもの(人間)からは生じないはずだ。だから、この観念は神から与えられたとしか考えられない。ゆえに神は存在する。

デカルトは続けてこう言う。神は存在する。神は完全な存在なのだから「神は欺かない」。だから、その神がわたしたちに与えてくれた認識能力を信じ、主観は客観と一致すると信じていい。人間の認識能力は絶対的な真理を把握することができると信じていいのだ。

正確に言えば、デカルトの場合、主観にあるもののうち、客観と一致できると信じられるものは限定されている（主観・客観の部分的一致の可能性）。たとえば、つぎのように考えられている。

主観のうちに明晰判明に知ることのできる対象（はっきりと意識のうちにあらわれ、不確かさを含まない観念）は客観と一致している（真理だ）と考えていい。こうした真理には、数学や幾何学の知識、物体が延長をもつこと（物体が空間のうちに広がりを占めていること）などがある。

だが、ほんとうは、デカルトは主観のなかに、〈普遍的なもの〉、だれにも共通だと思われるものを探っているにすぎない。事物の数学的・幾何学的側面は共通性が高い。一方で、その色や音や味などは共通性が低い。それはわたしたちの主観のなかで確認できる（リンゴのかたちや重さとリンゴの味を考えてみよう）。しかし、デカルトは、その〈普遍性〉は客観と一致しうる、とするのだ。

とはいえ、ここでデカルトは、自分が深くかかわっていた数学や幾何学、それをもとにした自然科学といった新しい学問に、客観的な学（客観と一致した真理の学）としての根拠を与えようとしていたことがわかる。数学や自然科学の知識の正しさは誠実な神さまが保障してくれている、だから、わたしたちが新しい学問で把握する秩序は「世界そのものの秩序」と考えていい、とデカルトは言いたかったのだ。

方法的懐疑の徹底性を知ってしまったわたしたちは、デカルトのこうした説明に納得することはできないだろう。だが、その徹底性は、カントの登場まで約一〇〇年ほど忘れられてしまうことになる。むしろ、ここで見た、数学や幾何学的な認識が客観と一致しているという考え方が、とくに合理論の考え方に受け継がれることになった。

2 合理論の世界像

合理論の夢

カントが『純粋理性批判』を書くにあたって目の前にしたのは、合理論と経験論というふたつの哲学の流れの対立だった。カントの時代、この対立は、主観・客観は一致するとして強弁する〈独断する〉合理論と、すべては主観的なもの、〈ひとそれぞれ〉でしかないとする経験論という極端なかたちになっていた。

この対立の問題点をカントはこう見た。合理論は、自分の求めるものが客観ではなく、本来は〈普遍性〉だということに気づいていない。経験論は、すべてが主観的だというが、その主観のなかに〈普遍性〉があることに気づいていない。

ようするにこうだ。合理論は〈ひとそれぞれ〉の問題を真理の立場を置くことで解いた。一方で、経験論は〈ひとそれぞれ〉、共通の知識などない、ということをひたすら徹底することになる。

カントの哲学の方法は、このふたつを統合するように生まれている。それは、「どこにも真理はない」ということを徹底的に証明する「純粋理性のアンチノミー」と、主観のなかから〈普遍性〉を取りだす「超越論的哲学」のふたつからなる。前者は、合理論の真理の考え方を批判し、だれも客観的な場所には立てない、というあのデカルトの方法的懐疑をもういちどカントなりにやりなおした方法だ。後者は、経験論の〈ひとそれぞれ〉の主観の原理を認めつつ、その主観のなかに、合理論がそれまで真理として考えていた〈普遍性〉を位置づける方法だ。

とはいえまず、合理論から見ておこう。合理論の「合理」とはどういうことか。たとえば、カント研究者として知られる中島義道は、この当時の「合理的」という言葉は「概念において矛盾のない（だけ）」ということを意味していた、と説明している（『カントの読み方』）。この「概念において矛盾のない（だけ）」の「だけ」という部分こそが重要で、合理論は基本的に頭のなかの概念だけにかかわる（経験にはかかわらない）。重要なのは、概念＝言葉に矛盾がないことだけなのだ。

だから、先に見たデカルトの神の存在証明はとても合理的な推論だと言える。証明の核となるのは、完全なもの（神の観念）は不完全なもの（人間）からは生じない（不完全∨完全、というのは矛盾）、だから完全な存在（神）はある、というものだからだ。ここでデカルトは、概念＝言葉の意味だけで議論を進めている。

こうした概念だけで行われる推論を合理論者たちは重んじた。そして、数学、幾何学、論理学を、経験にかかわらず、頭のなかだけで真理が導かれる学問として重視した。真理が導かれるということは、主観と客観が一致する、という意味だった（こうした学問は〈普遍性〉が高いというべきなのだが）。

たとえば、合理論の代表的な哲学者としてよく知られているスピノザやライプニッツは、数学や幾何学、論理学といった方法にしたがえば、世界全体を客観的に描けるとさえ考えた。世界の全体像を合理的に描くこと、じつはこれが合理論の夢だったのだ。

いまのわたしたちはこの試みに驚く。だが、スピノザにしてもライプニッツにしても、こうした世界の全体像を描くことは急務だった。

人びとに世界の全体像を教え、生きる意味や目的を与えていたキリスト教の世界像は、近代に入り新しく興った自然科学的・物理学的世界像のために急速に衰えていく。コペルニクスの地動説だけでなく、ガリレオのつくった望遠鏡もまた、この空のうえに神の世界があることを否定する衝撃的な発明だった（そしてその望遠鏡は飛ぶように売れた）。

かといって、ガリレオやニュートンの「物体は外からの力を与えられなければそのままの運動状態で等速度の運動をする」という法則が人びとに生きる意味を与えただろうか。冗談のようになるが、人間は等速度の運動をして生きるのがいちばんいい、という具合にはならないだろう。

スピノザやライプニッツは世界の全体像を描こうとするが、それはこの問題と無関係ではない。世界とはなにか。この問いに体系的に答えたスピノザの本のタイトルは『エティカ』＝「倫理」だったし、ライプニッツは、この世界は最善である、という世界像を打ちたてた。

いまのわたしたちは、客観を特権的に把握する真理の視点などどこにもありえない、客観的に世界全体を描く理論は危険だ、とさえ思っている。しかし、一方で、この世界は全体としてどういう方向にいったほうがいいのか。それをきちんと説明してくれるような社会の理論も必要としているはずだ（もちろん、これは誤ることのない真理の理論としてではなく、つねにその〈普遍性〉をわたしたち一人ひとりに試されなくてはならないのだが）。

カントはこうした問題について、つぎのように考えた。合理論の世界全体という理念は客観的なものとしてはけっして認められない。だれもそのような絶対的な真理の場所には立てない。しかし、わたしたち一人ひとりが善く生きるうえでは、世界がこうなっていく、という全体的な世界像は人びとの「信仰」の対象として認められなくてはならない。

この「信仰」としての世界像の問題は、カントの批判哲学でもいちばん最後（『判断力批判』）に出てくる。だからさしあたって、わたしたちはまず、スピノザやライプニッツといった合理論の意見を見ておこう。

スピノザの世界

合理論の考え方を簡単に言えばつぎのようになる。数学や幾何学、論理学といった学問は〈ひとそれぞれ〉の答えがあるものではない。これは絶対的な真理の学だと言える。だから、これをモデルにすれば、世界についての正しい認識が得られる。

現代では、数学や幾何学、論理学が、あるルール（公理系）をもとに成立するものであることが明らかにされている。合理論者たちは、ユークリッド幾何学は絶対的な真理であると信じたが、たとえば、一九世紀の非ユークリッド幾何学の発見は、ユークリッド幾何学の定義を変更すれば、別の整合的な幾何学体系が生まれることを証明した。

しかし、非ユークリッド幾何学を知らない当時の合理論者たちにとっては、こうした学問は真理の学だった。だから、たとえば、スピノザは、ユークリッド幾何学をまねて、合理的に推論すれば、唯一の絶対的な真理として世界の全体像がつかめる、と考えた。

カントは『純粋理性批判』を書いたとき、スピノザを知らなかったと言われている。だから、カントが合理論を批判するとき、その批判は直接にはライプニッツとその考えを体系的に展開したクリスティアン・ヴォルフに向けられている。しかし、ここではスピノザの立てた合理的世界像について見ておこう。なぜなら、おそらく、スピノザこそがもっとも成功した合理論の世界像を提出した哲学者だと言えるし、その世界像は合理論の考え方の特徴をもっともよく示しているからだ。

スピノザの主著『エティカ』は独特な本だ。それは、当時の幾何学の教科書、エウクレイデス（ユークリッド）の『原論』の「定義」から「公理」「定理」へと進む書き方にならって、世界のすべてを説明しようとしている。

幾何学が直線の定義というもっとも基本的な原理からはじまるように、スピノザも世界の説明を神というもっとも基本的な原理からはじめる。そして、この神から、世界のすべてを説明する。その内容を簡潔にまとめればつぎのようになる。

世界は神だ。神は唯一の無限な実体で、それは無限の属性をもつ。精神や物体は無限の属性のうちのふたつにすぎない。

スピノザの神は人間を罰したり救済したりするキリスト教の人格をもった神ではなく、自然＝世界そのもの、いわば「すべて」を意味する。スピノザは、この神によって、首尾一貫した矛盾のない世界像をつくりあげようとした。

ここで、わたしたちは、どうしてそのような神は存在すると言えるのか、そうした存在をわたしたちは経験できるのか、と疑問を投げかけたくなる。だが、こうしたことはスピノザの世界説明の体系にはほとんどかかわりない。というのも、合理的な思考にとって、そもそも、経験や感覚といったものは、〈ひとそれぞれ〉のもので、真の共通な知識には至れるようなものではないからだ。

じっさい、スピノザは、まったく概念だけで世界の説明を行っている。そして、神という「すべて」を意味する概念をたったひとつ置くことで、いっさいを矛盾なく説明してしまった。

つまり、神という唯一の実体、世界そのものを置く。そうすることで、「確かに、わたしたちは精神と物質を区別するが、それのちがいは、じつは、ひとつの神という同じもののあらわれ（属性や様態）として考えればいい」と言うことができるのだ。

スピノザの論理にしたがえば、こうも言える。わたしたちは〈ひとそれぞれ〉と言う。だが、それは、神という唯一のもののあらわれにすぎないのだ。ほんとうは、〈ひとそれぞれ〉ではなく、みな、あらゆる存在、すべてがひとつなのだ、と。

スピノザの世界説明はかなり独創的でなかなか理解に苦しむ点はあるが、このようなやり方で、世界は概念だけで合理的に説明された。すべては神。そうすることで、世界についての説明は統一され、あらゆる対立は乗り越えられ、すべてがひとつである、というある調和のとれた世界像ができあがることになった。

スピノザは、概念＝言葉だけで、世界を説明してみせた。これは〈ひとそれぞれ〉の問題を、真理のほうへ、客観に向かって解こうとする試みだ。だが、カントは、この合理論の本性、世界そのものを客観的に説明できるとする本性を批判する。それが、あとで見る「純粋理性のアンチノミー」という方法だ。

客観的に、真理として世界の全体像を描くことには問題がある。カントはそのことを経験論から教わった。わたしたちはそのあり方を見てみよう。

3　経験論という批判思想

ロックとその時代

人間は、第二の火、一人ひとりの考える力を手に入れた。デカルトのところで見たように、これは「主観」という原理だった。だが、これは、たとえばこの現実の世界や目の前の事物がきちんとあることなど人びとが共有できるような知識はどこにもない、という〈ひとそれぞれ〉の問題を生んだ。デカルトはそれを神の存在証明で解こうとし、スピノザは概念だけでもって世界のすべてを説明できるような体系を打ちたてることでこの問題を解決しようとした。

さて、ここまで見てくると、デカルトもスピノザも、考える力を駆使すれば客観を把握できる、主観は客観に一致しうる、人間は真理の場所に立つことができる、ということを前提にしていることがわかる。いわば、考える力を手にした人間は、こんどはその力を使って世界のほんとうを絶対的に伝える神の場所に立とうとするのだ。

経験論の哲学者たちはこの問題にとても敏感だった。その感覚はつぎのようなものだ。主観にはそもそも真理や客観に至れるような力はない。むしろ、合理論がやろうとしていることは、あの、自分たちがそこから考える力を獲得した権威や暴力の場所をもういちど復活させる恐れがある。ふたたび真理の思想が生まれれば自由は失われてしまうだろう。

経験論をはじめて体系的に展開したジョン・ロックが見たのは、宗教対立による殺し合い、という過酷な現実だった。わたしたちは、当時のヨーロッパがカトリック、プロテスタントに分かれ争っていたことを知っている。ところが、じっさいはこの争いはもっと深刻で、この新旧両派のなかが、さらに、さまざまな分派（セクト）に分かれ争っていた。

こうした対立には、指導者の「煽動」がいつもつきまとっている。指導者は、神の名を借りて、人びとの攻撃心を煽る。たとえば、ほかの宗派、ほかの分派への攻撃は神によって命じられている、と言って人びとを戦いに向かわせることもあっただろう。

これはおかしい。こうした対立には、「主観は客観に一致する、わたしたち（の党派）は神のような真理の場所に立てる」という考えが根本にある。この考えはなんとしても批判されなくてはならない。そこでロックが試みたのは、いわば主観を〈ひとそれぞれ〉の原理を使って純化させることだ。この原理こそ、感覚的経験だった。これはどういうことか。

まず、ロックは合理論の考えのなかに、人間を神のような認識に押し上げる危険な原理を見る。それが生得観念論だ。そもそも、この原理は合理論なりに〈ひとそれぞれ〉の問題を解決するために置かれたものだった。デカルトや合理論の哲学者たちは、主観のなかには、いくつか神から与えられた生まれつきの観念があると言う。論理法則や道徳的規則、神の観念は、あらかじめ神から与えられ、すべてのひとの心に刻まれたものだと言うのだ。ようするに、この観念は客観と一致している。だから、この観念は真理をあらわしているものなのだ、と。

このように見てみると、合理論は生得観念を使って、わたしたちの知識はまったく〈ひとそれぞれ〉ではないことを証明しようとしたことがわかる。だが、これは諸刃の剣だった。

ロックはつぎのような現実の前で生得観念に疑問を感じた。道徳や正義、神について人びとの意見はいっこうに一致せず、むしろ、人びとは自分の思い込みを真理だと言って争い合っているようにしか見えない。この争いのなかで、これは神から与えられた真理だ、という言い方は、いかに煽動家たちに都合よく使われていることか。

だから、ロックはこう言う。主観のなかに生得観念などひとつもない。わたしたちのうちの観念のすべては、感覚的経験からつくられたものだ、と。心は、生まれたときはいわば「白紙」で、そこに感覚的経験からさまざまなことが書き込まれ知識が生まれる。これがロックの生得観念への批判だ。

感覚的経験とは、それ自身が〈ひとそれぞれ〉の原理だ。わたしたちがなにを感覚し、なにを経験するかは、ひとそれぞれ、時と場合によって異なっている。だから、ロックのやったことは、〈ひとそれぞれ〉の主観がさらに〈ひとそれぞれ〉の感覚的経験という原理によって貫かれている、ということを徹底的に示すことだったと言えるだろう。

だが、ロックは、主観のなかには、客観と一致する観念があるとも考えた。たとえば物体自体には、固性、延長、形状、運動などがそなわっていて、これらをロックは「一次性質」と呼び、そこから自然科学の基礎になるような観念が（物体そのもの＝客観に一致するものとして）わたしたちの主観のうちに生みだされるとした。一方、わたしたちのうちにある色、音、味などの観念については、物体自体にそなわるものではなく、人間の感覚によって生みだされる主観的な性質＝「二次性質」にすぎないとしたのだった。

ようするにこれは、デカルトがやったように、自然科学が客観的な学問であることを証明しようとする試みだ。しかし、〈ひとそれぞれ〉の主観が〈ひとそれぞれ〉の感覚的経験という原理で貫かれている、とするロックにとって、主観のなかにそのような客観的なものがある、とは言えないはずだ。だから、つぎに見るヒュームのように〈ひとそれぞれ〉を真の意味で貫く哲学者が出てくる。

〈ひとそれぞれ〉の徹底者ヒューム

経験論の完成者としてよく知られているヒュームは、〈ひとそれぞれ〉の主観以外にはなにも確かなものを認めない。その意味で、ヒュームは、デカルトの方法的懐疑にまで立ち戻って、主観の哲学を徹底させたと言えるだろう。さらにヒュームは、この主観が〈ひとそれぞれ〉の感覚的経験という原理で貫かれていることを徹底的に証明しようとする。だからヒュームはロックの経験論の徹底者でもある。

ヒュームの哲学はカントにとても大きな衝撃を与えたと言われている。もともとカントは合理論的な哲学の流れに属していた。だが、ヒュームによって「独断のまどろみ」から目覚めさせられ、カントは理性批判を決意した、と言われている。

それまでカントは、合理論にならって、わたしたちの考える力は真理を把握できる、と考えていた。だが、ヒュームの哲学は、わたしたちは〈ひとそれぞれ〉の主観を飛び越えて世界そのものを客観的に把握することなどけっしてできない、ということを証明するものだった。

わたしたちの考える力は全能ではない、だから、それは徹底的に吟味されなくてはならない。こうした批判の姿勢をカントはヒュームから学んだのだ。カントがヒュームに衝撃を受けたのは、つぎのような因果性に対する批判だったと言われている。

ヒュームは、因果関係が客観的に実在することを否定している。まずヒュームは、原因と結果は別ものだ、と主張して、原因と結果の必然的な結びつきを認めない。たとえば、炎と熱の因果関係（火はかならず熱を生みだす、火はかならず熱い）の場合、いま目の前の蠟燭《ろうそく》の炎が熱くても、その炎はつぎの瞬間に氷のような冷たさを与えるかもしれない。こういう疑いの可能性は、いくら極端だと言われてもかならずある。だれも、一瞬先であれ未来を確実に予想することはできないからだ。だから、原因と結果の結びつきにはなんら必然性はない、とヒュームは言う。

それにもかかわらず、わたしたちは、ふつうに因果関係を考えている。だれだって炎とは熱いものだと思うだろう。ヒュームはこれを否定しない。ヒュームはその事情をつぎのように説明する。

因果関係は、わたしたちの感覚的経験から生まれる。たとえば、炎と熱さはいつもいっしょに感覚されたし、炎のあといつも熱さが生まれるのをわたしたちは過去に経験していた。ようするに、近づいたり、触ったりして、わたしたちはいつも炎が熱いことを過去に経験している。このことが炎は熱い（炎は熱の原因、熱は炎の結果）という因果関係を結論する根拠だとヒュームは言うのだ。

ヒュームによれば、わたしたちが因果関係を結論するのは、ちょうど炎と熱の関係がそうであるように、感覚的経験のつみ重ねによる。もし、赤ちゃんのように、ほとんどなんの経験もなかったら、炎が熱い、という因果関係さえわからないだろう。だから、因果関係とは、個々人の「習慣（経験のくりかえし）」にもとづく主観的な結合（複雑観念）にすぎない、とヒュームは言うのだ。

そうなると当然、わたしたちの知識というものは〈ひとそれぞれ〉ということになる。感覚というのはひとそれぞれのものだ。わたしたちは自分のうちに炎は熱い、水は凍る、といった因果性に関する知識をもっているが、それは、もし、炎や氷を感覚によって経験していなかったら、そういうことを習慣として経験していなかったら、けっして自分のなかになかったものだ。つまり、すべての知識は絶対的なものではなく、主観的なものになってしまうのだ。

これは合理論にとって大きな衝撃を与えるものだった。たとえば、ライプニッツは、この世界には究極の理由（原因）が真理として、客観的なものとしてある、と考えていた。この究極的な存在が神だった。だが、ヒュームは、原因・結果という関係は、そもそも主観的なもので、しかも、それを経験するひとにはあるし、それを経験しないひとにはないものだ、としてしまうのだ。

このことは自然科学にも衝撃を与える。当時、自然科学は、あたかも世界そのものの秩序を把握するもののように考えられていた。だが、ヒュームが明らかにしたところによれば、およそ秩序のおおもととなる因果関係というものは客観としては存在せず、わたしたちの主観に根拠をもつものであるというのだ。

ヒュームの哲学は、あらゆる意味で徹底した〈ひとそれぞれ〉の哲学だと言える。それは主観という場所を堅持した点からもそう言えるし、また、あらゆる知識を感覚的経験、そのくりかえしである習慣に置いた点からもそう言える。

合理論の哲学も自然科学も、ヒュームの前ではなんら客観を言い当てる真理ではなく、〈ひとそれぞれ〉の知識でしかない。このことを徹底的に証明しようとするヒュームの哲学は、カントに大きな衝撃を与えたのだった。

二〇世紀の合理論・二〇世紀の経験論

わたしたちはこれまで〈ひとそれぞれ〉というキーワードを中心に近代哲学を見てきた。文明に問題の歴史があるように、人間の考える営みにも問題の歴史がある。〈ひとそれぞれ〉という観点を置くと、近代哲学が問題にしたことが、いまのわたしたちにも深くかかわっていることがわかるだろう。

誤解を恐れずにあえて現代と対応させれば、マルクス主義は二〇世紀の合理論だし、ポスト・モダンの思想は二〇世紀の経験論だと言える。

近代になり、人類は、一人ひとり、考える力を手に入れた。だがそれは、〈ひとそれぞれ〉の問題を生んだ。合理論はその考える力を駆使して、世界の全体をすべて説明できるような体系を描こうとした。そこには、キリスト教的な世界像に対して、新しい世界像を立てよう、という夢があった。マルクス主義も動機は同じで、そこには、資本主義を乗り越えるための新しい世界像、人間の未来を示すような世界像を立てようという志があったはずだ。

だが、合理論もマルクス主義も、考える力を駆使すれば客観を把握できる、主観は客観に一致しうる、人間は真理の場所に立つことができる、ということを前提にしていた。〈ひとそれぞれ〉の問題に対して真理を立てることで、それを解こうとしたのだ。

経験論の哲学者たち、そして、ポスト・モダンの思想家たちはこの問題に敏感だった。彼らは、真理の言葉が聞こえれば、それに対抗して自由の言葉を立てる。いったん客観の思想、真理の思想が立てば、権威や暴力の場所が生まれ、人類が獲得した〈ひとそれぞれ〉の自由はふたたび圧殺されることになると危惧するからだ。

だが、経験論もポスト・モダンの思想も、たとえば、ヒュームがそうであるように、〈ひとそれぞれ〉の原理を徹底すれば、わたしたちが他者と共有できるものはまったくない、ということになる。

しかし、くりかえすが、この問題を解決しようとして、合理論やマルクス主義のように、客観や真理といったものを置くとすれば、こんどは〈ひとそれぞれ〉の自由がふたたび危機におちいる。つまり、もし、合理論と経験論、あるいはマルクス主義とポスト・モダンの思想、このふたつしか考える方法がないとしたら、わたしたちはどちらかを選ぶことはできない。どちらもそれなりに理があり、それなりに問題がある。

じつは、カントが直面していたのもこの問題だった。カントはこのふたつの考え方の対立を「純粋理性のアンチノミー」として、その哲学の中心に置いた。わたしたちはここからカントの哲学に入っていこう。

哲学は「独断論」から「懐疑論」へ、そして、「理性の批判」へと進む、とカントは言う。独断論は合理論、懐疑論は経験論と考えればいい。独断論的な思考は〈ひとそれぞれ〉の問題をなんとかしようとして真理の言葉を立てる。だが、懐疑論的思考はその真理の言葉に危険を感じる。だから真理の言葉に対して自由の言葉を立てる。ところがそうなるとまた〈ひとそれぞれ〉の問題が起こる。現代にも通じるこのふたつの思想の流れ、その対立を乗り越えるようにカントの哲学はある。

カントの立場である「理性の批判」とは、わたしたち一人ひとりの考える力の徹底的吟味を意味する。独断論も懐疑論もわたしたちの考える力から生まれた。吟味すべきはわたしたちの考える力そのものだ。その吟味をくぐりぬけてはじめて、わたしたちの第二の火である考える力は生きてくるのだ。

第二章

理性の限界

『純粋理性批判』のアンチノミー

1　純粋理性のアンチノミー

考える力には「批判」が必要である

哲学者がすぐれているかどうかは、その哲学者が「わたしの方法」と言えるべきものをもち、その方法が多くのひとの抱える問題の解決に貢献できる強さをもっているかどうかにかかっている。そういう意味で、カントは確かに「わたしの方法」をもっている。

『純粋理性批判』の中心となるのは、ある一対の考える方法だ。これは、独特な考え方の吟味の方法（「純粋理性のアンチノミー」）と、ある発想の転換が生み出す主観から考える方法（「超越論的哲学」）からなる。このふたつの原理でカントは、「哲学は、ある道を進めばかならずその先はない、ある道をいけばかならずよく生きる」ということをはっきり示したのだ。

ようするに、しっかりと自分で考えるためにはコツが要る。これが、カントが自分の方法のうちに確信していたことと言っていい。

ところで、自分で考えることが大切だということは、だれでもわかっているはずだ。確かに、考えることをしないで生きることは楽かもしれない。だが、わたしたちは自分で考えて生きなければならない。自分で考えることを手放せば、わたしたちは自由を手放すことになるだろうから。

前章で、歴史的経緯にも触れながら見たとおり、近代哲学は、そのかたちはさまざまであっても、自分自身で考えること、権威や権力ではなく、自分を根拠にどこまでも考えぬくことを試みた。わたしたちには考える力がある。それを最大限活用していくところまでいってみよう。そういう意気込みが近代哲学にはある。

このどこまでも自分で考えぬく力を、広い意味で「理性」と言っておこう。哲学者たちはこの力を信じ、ほんとうに真剣に考えぬけば究極のものがわかると考えた。究極のものとは全体、統一、完全、絶対、無条件なもの、といった理念を意味する。理性はこうした理念を知ろうとしてやまない。

ところが、カントはこうも言っている。理性が究極的なものを知ろうとすれば、その試みはかならず失敗する、と。

ここにカントの鋭さがある。

理性はどこまでもいけるというわけではなく、ある一線を超えればかならず矛盾や不毛な議論を生みだし、わたしたちの考える営みは死んでしまう。

考えることは大切だ、とただ理性を誉め称えるだけでは意味がない。

このことに気づいたのがカントだったのだ。そして、理性をよく吟味し、その能力の限界を指摘する仕事が理性の「批判」となる。

だから、『純粋理性批判』の冒頭には、つぎの言葉が置かれている。

人間的理性はその認識のある種類において特異な運命をもっている。それは、人間的理性が、拒絶することはできないが、しかし解答することもできないいくつかの問いによって悩まされているという運命であって、拒絶することができないというのは、それらの問いが理性自身の本性によって人間的理性に課せられているからであり、解答することができないというのは、それらの問いが人間的理性のあらゆる能力を超え出ているからである。

——カント『純粋理性批判』

近代哲学者たちは究極的なものを認識できると考えた。だが、その究極的なものが、そもそも理性自身の能力を超えた、認識できないものであることに気づかなかった。

一方、カントはこう言う。むしろ、理性は自分自身の能力の限界を超えて矛盾や問題を生みだすような本性をもっている。このことに無自覚なまま、なんの吟味もなく理性を使用するなら、わたしたちの考える力はけっしてよく生きることができない、と。

哲学やわたしたちの考える営みは、無批判では済ませられない。これがカントの理性批判という哲学の態度だ。このことをいちばんよく示すのが『純粋理性批判』の後半、「超越論的弁証論」に登場する「純粋理性のアンチノミー」という吟味の方法にほかならない。

「純粋理性のアンチノミー」からはじめる

「超越論的弁証論」の「純粋理性のアンチノミー」からカントの哲学を読み解くことは、じっさいの『純粋理性批判』の記述とは逆の順番でカントをたどることになる。

ここで、簡単に『純粋理性批判』の中心部分の目次をおおまかに示しておこう。

超越論的原理論
　第一部門　超越論的感性論
　　第一節　空間論
　　第二節　時間論
　第二部門　超越論的論理学
　　第一部　超越論的分析論　→　知りうること
　　- - - - - - - - - - - - - - - - - - - -
　　第二部　超越論的弁証論　←　知りえないこと

『純粋理性批判』の根本の問いは「わたしはなにを知りうるか」だ。その中心部分、「超越論的原理論」はこの問いをめぐって展開する。ここで目次に線引きをしたのは、その前半のテーマが「わたしたちが知りうること」、後半のテーマが「わたしたちが知りえないこと」である点をはっきりさせるためだ。

さて、この「知りうること」から「知りえないこと」へ、という順番は、どうもカントのやろうとしたことの意義をつかみにくくしている。『純粋理性批判』を読んでいくと、はじめに出てくる「知りうること」がなんのためなのか、その意味がよくわからないからだ。それは、後半の「知りえないこと」を読むとやっとわかってくるようになっている。

だから、「知りえないこと」とはどういうことなのかという点を、さいしょに見ておく必要がある。そして、わたしたちに「知りえないこと」があることを説明する原理こそ、「純粋理性のアンチノミー」の発想なのだ。

じっさい、カントが『純粋理性批判』を書くきっかけは、アンチノミーの発想にあったと言われている。また、「アンチノミーを『純粋理性批判』のさいしょにもってくればこの本はもっとよく理解されたはずだ」とカント自身がもらしているほどだ。

ようするに、カントの思考は、目次とは逆に、「知りえないこと」から「知りうること」へ、という順番で進んだと考えたほうがいい。

この順番は、デカルトの方法的懐疑（疑いうること）から疑いえない「わたし」という主観（疑いえないこと）へ、という道筋を思いださせる。じっさい、カントもまた、「アンチノミー」は「懐疑的方法」であって、ただ疑うためだけの懐疑ではなく、「確実性をめざす」方法だと言っている。「純粋理性のアンチノミー」は、カントの方法的懐疑だと考えればいい。そして、疑いうること

（カントの場合の「知りえないこと」）がはっきりしたとき、はじめて、疑いえないこと（カントの場合の「知りうること」）の意味もはっきりする。この疑いえないこと、確実なことをはっきりさせる領域が、カントの主観の哲学、「超越論的哲学」という方法にむすびついているのだ。

だからまず、カントなりの方法的懐疑、「純粋理性のアンチノミー」から入っていこう。さしあたって、わたしたちは、この「純粋理性のアンチノミー」の登場する「超越論的弁証論」のおおまかな輪郭から見ていこう。

理性の発する究極の問い

「超越論的弁証論」は『純粋理性批判』の核をなし、それまでの哲学（形而上学）の総体的批判となっている。カントはここで、理性がその答えを知ろうとする究極的な問いを、つぎの三つに要約している。これが、カントの言う「拒絶することもできないし、解答することもできない」理性の問いだ。

わたしとはなにか？
世界とはなにか？
神とはなにか？

この問いをもう少しわたしたちに引きつけて、つぎのように言い換えてみてもいいだろう。

わたしとはなにか？

世界とはなにか？

わたしと世界の目的とはなにか？

哲学の問いは、明日どんな服を着ていけばいいか、今日の夕飯をなににしようか、といった生活上の問いではない。自分とはほんとうはどういう存在なのか。世界とはほんとうのところどうなっているのか。わたしはどう生きるべきか。世界はどう進んでいったらいいか。こうした問いは、どこかわたしたちの生の不安のなかから染みだして、しだいに心のうちに溜まってくるような問いとしてある。

このような問いは、表向きわたしたちの日常と直接かかわっていないため、それをわざわざ問い、答えを見つけだす必要はないと思えるかもしれない。だが、よくよく考えてみると、こうした問いはわたしたちの生きることをいちばん底で支えているような問いかけを含んでいる。

わたしたちは、よい自分であってほしい、と自分自身のあり方に配慮する。ほかの人びとと共に生きるこの世界が少しでもよいものになってほしい、と思う。もし、こうした配慮や思いから発する問いになんらかの道筋がつけられなければ、これはわたしたちの生きる意味という観点からは危険な状況になるだろう。

だから、近代の哲学者たちは、理性を使って考えぬき、こうした問いに答えようとした。その典型的な解答はつぎのようになる。

わたしとはなにか?　↓　わたしは不死の魂として死後も生き、神に祝福される可能性がある

世界とはなにか?　↓　世界全体を理性は把握できる（世界の起源は神による創造がある）

神とはなにか?　↓　神は確かに存在し、わたしと世界にきちんとした目的を与えている

一見どれもキリスト教的な解答だが、さしあたって、これらの解答に対するカントの批判を「弁証論」の構成と共に見てみよう。

純粋理性の誤謬推理　不死の魂を知ることはできない

純粋理性のアンチノミー　世界全体を知ることはできない

純粋理性の理想　神の存在を知ることはできない（神の存在証明は不可能）

ここでカントはそれまでの哲学の解答のすべてを「知りえない」というかたちで強く批判していることがわかる。

この批判はわたしたちにも重大な意味をもっている。ためしに、つぎのように批判をまとめてみよう。

わたしとはなにか？　↓　ほんとうのわたしは知りえない
世界とはなにか？　↓　世界全体、世界のほんとうのあり方は知りえない
わたしと世界の目的とはなにか？　↓　人間の目的、世界の目的といったものは知りえない

このように見てみると、理性が考えぬき知ろうとする試みは、すべて失敗することが運命づけられていると言ってもいい。わたしたちが自己や世界に対して発する究極的な問いには、答えが出ないとカントは言っているのだ。

もっとも、カントは、こうした問い自体を否定したのでもないし、「不死の魂」にせよ、「世界全体」にせよ、「神の存在」にせよ、それらの意味はきちんとある、と考えた。このことはあとで詳しく論じられることになる。

ようするに、ここでのカントの力点は、理性は批判をくぐりぬけなくてはならない、という点にある。その理由はこうだ。哲学やわたしたちの思考は、そもそも理性にとって、その本性から、原理的に知りえないものを知ろうとする。そのため、不毛な言葉の戯れや不必要な争いが生まれる。わたしたちはものごとを考えて生きざるをえない以上、この問題をだれもがいちど自覚しておいた

ほうがいい。

こうした問題は、それまで「真理」と考えられていたこと、合理論の哲学者たちがそう試みたように、言葉でもって究極のものを言い当てることができる、主観は客観と一致しうる、とする真理観から必然的に生まれている。

カントは、この真理観を徹底的に批判するのだ。「純粋理性の誤謬推理」「純粋理性の理想」も形而上学批判として重要な意義をもっている。だが、わたしたちは、「弁証論」のなかの「純粋理性のアンチノミー」を見ることで、理性批判の核となるものを探ってみよう。そうすることで、このアンチノミーが、現代のわたしたちから見ても、哲学的思考、考える営みそのものにとって、ほかに例を見ないくらい徹底した吟味の方法であることを知るはずだ。

四つの世界理念

カントはアンチノミーという方法で、それまでの哲学の真理観（人間は世界そのものを言い当てることができる、主観は客観に一致する）を無効にする。

アンチノミーとはどのような方法か。アンチノミーとは、その言葉の意味から言えば、二律背反、ふたつの対立した主張がどちらとも同じ正当性をもって並び立つこと、とされる。ようするに、これは、わたしたちの理性（思考）が行き詰まり、どちらの主張かを選べない状態を示している。

アンチノミーは、理性が推論によってつくりだす理念から生まれている。カントの言葉で言えば、それにはつぎの四つがある。

1　すべての現象の与えられた全体の合成の絶対的完全性
　　＝世界の時間的・空間的限界（世界のはじまり）

2　現象における、ある与えられた全体の分割の絶対的完全性
　　＝単純なもの（これ以上分割できないもの）

3　現象一般の発生の絶対的完全性
　　＝絶対的自己活動（自由）

4　現象における、変化するものの現存在の依存性の絶対的完全性
　　＝絶対的自然必然性（必然的なもの）

ほんとうにこの四つしかないのかと問われると、それはなかなか難しい問題だが、しかし、この四つは、わたしたちが世界に対して問いを立てる方向と、その問いに対する究極の答え（推論）の典型をとてもうまくとらえている。

1と2は、カントが「大規模の世界」「小規模の世界」と言うように、いま・ここで与えられている世界の根拠を、大きなものを求める視点から問う場合と、小さなものを求める視点から問う場

合にあたる。

たとえば、1については、「世界のはじまりとはなんだろう」と問う場合がそれだ。わたしたちは宇宙の時間的・空間的はじまりとして、ビッグバンを推論する。これが宇宙のはじまり（無条件者）まで推論する大きな視点の場合だ。

一方、「世界はなにでできているのだろう」という問いに対しては、わたしたちは原子と答えるだろう（素粒子と言うひともいるかもしれないが）。これが2の場合だ。こちらは世界を構成する最小の単位（無条件者）を求める場合だ。

では、3と4は、どのような問いと答えが対応するだろうか。

3は、たとえば、「この世界に自由はあるのかないのか」「この世の中はわたしたちの行為によって動かせるのかどうか」という問いにかかわっている。この場合、わたしたち一人ひとりが、世界にかかわり、動かす原因や根拠（無条件者）として考えられている。もし、この問いに、人間の自由はある、と答えられなければ、わたしたちの行為に意味はない、ということになってしまうだろう。

一方、4の場合は、たとえば、「わたしにいま・ここで与えられているこの世界が存在している究極の理由とはなにか」と問う場合がこれにあてはまる。これは、なかなかイメージしにくい問いだが、つぎのような場面を思い浮かべてみよう。

たとえば、いま自分が苦しい状況にいるとして、その理由を問う場面を想像してみよう。わたしを苦しめ悩ませるこの世界は、いったいどういう根拠で生まれたのか、この世界の苦しみに理由はあるのか、とわたしたちは問うことがある。そして、4で求められる無条件者＝「必然的なもの」とは、こうした世界の意味に対する問いの答え、すなわち、この世界がいまこうしてあることの存在理由にあたる。

カントは、ここで紹介した、理性が立てる世界の限界、世界の最小単位、自由、必然的なものという四つの「無条件者」を批判することになるのだが、この「無条件者」はそれが「ある」と答える側と、それが「ない」と答える側の争い＝アンチノミーという構成をとる。

四組のアンチノミー

先ほど見た四つの理念（無条件者）に対応し、カントはこの理念に対して肯定的に「ある」とする側（正命題）と、否定的に「ない」とする側（反対命題）のふたつの答えを並べる。つまり、二律背反するアンチノミーを四組挙げる。簡潔にまとめると、それはつぎのようになる。

【第一アンチノミー　世界のはじまり、世界の限界】

正命題　世界は時間的なはじまりをもち、空間的にも限界をもつ。世界は時間的・空間的に有限である。

反対命題　世界は時間的なはじまりをもたず、また空間的にも限界をもたない。世界は時間的・空間的に無限である。

【第二アンチノミー　単純なもの】

正命題　世界における合成された実体はすべて単純なものから成り立っている。だから、世界には、単純なものか、単純なものから合成されているものしか実在しない。

反対命題　世界におけるいかなる合成されたものも単純な部分から成り立つものではない。だから、世界において単純なものはまったく実在しない。

【第三アンチノミー　自由】

正命題　自然法則の原因性は、世界の現象がそれにしたがう唯一の原因性ではない。世界の現象を説明するためには、そのほかに自由による原因性も想定することが必要である。

反対命題　いかなる自由というものも存在しない。世界におけるすべては自然法則によってのみ起こる。

【第四アンチノミー　必然的なもの】

正命題　世界には、その部分として、さもなければ、その原因として、必然的な存在者が属している。

反対命題　必然的な存在者などというものは、世界の内にも外にも、世界の原因としてどこにも実在してはいない。

じつは、このアンチノミーの解決がカントの批判哲学全体の中心テーマでもある。とくに、「第三アンチノミー」と「第四アンチノミー」は、『実践理性批判』と『判断力批判』を見るうえでとても重要だ。

だから、わたしたちは、第三アンチノミーと第四アンチノミーは後に見ることとしてしばらく忘れ、まず「純粋理性のアンチノミー」の意味を、「第一アンチノミー」と「第二アンチノミー」から、とくに「第一アンチノミー」を中心に考えていこう。

2　理性の限界を探る

第一アンチノミー

「第一アンチノミー」のなかには、「純粋理性のアンチノミー」の意味が凝縮されたかたちであらわれている。

世界とはなにか。この問いに対して、理性は、推論の果てにあらゆるものの究極的な条件（それ自体はもう根拠をたどれない究極的なもの、無条件なもの）を見つけるか、推論が無限に続くことを理解する（この推論の系列自体を無条件なものとする）しかない、とカントは言う。その結果生まれるふたつの命題がこそが「第一アンチノミー」だ。ここにもう一度それを示しておこう。

正命題　世界は時間的なはじまりをもち、空間的にも限界をもつ。世界は時間的・空間的に有限である。

反対命題　世界は時間的なはじまりをもたず、また空間的にも限界をもたない。世界は時間的・空間的に無限である。

このふたつは、世界の起源をめぐっていると考えるとわかりやすい。正命題は世界のはじまりは「ある」と答え、反対命題は世界のはじまりは「ない」と答えている。

世界とはなにか。わたしたちもじっさいに推論してみよう。自分からはじめてみて、自分が生まれたのは親から、親はその親、そのまた親……、とたどってみてもいいし、この目の前の世界から地球の誕生へ、さらに太陽系の誕生へ、銀河の誕生へ……、とたどってみてもいい。

推論の筋道はいろいろかもしれない。だが、最終的には、宇宙のはじまりというところにいきつくだろう。そうすると、いまの考え方では、宇宙のはじまりは「ビッグバン」というところに落ちつくのではないだろうか。これが「世界は時間的・空間的に有限である」という正命題にあたる。

つまり、宇宙（世界）のはじまりは「ある」、ビッグバンである、ということになる。

ところが、この推論には終わりがない。よく考えてみれば、ビッグバンと言われれば、では、ビッグバンの前は、そのまた前は、と聞きたくなる。この問いをずっと続けていくうちに、ようするに、わたしたちの推論は無限に続くのだから、はじまりなんてないのではないか、と思えてくる。これが「世界は時間的・空間的に無限である」という反対命題にあたる。つまり、わたしたちの推論は無限に進む、世界のはじまりは「ない」ということになるのだ。

この対立についてカントは面白いことを言っている。正命題には安心と一般性があり、反対命題は人びとに無知を自覚させる利点はあるが人気がない、というのだ。

たとえば、世界の起源について、宇宙はビッグバンから生まれた、とする場合、世界についての説明は完結して、わたしたちの気持ちも落ちつく。しかし、これは徹底的に考えたことになるだろうか。すでに見たように、わたしたちは、「ビッグバンの前は」「そのまた前は」と徹底的に尋ねたくなる。そうなると問いは無限に続くから、世界のはじまりなんてない、と言ったほうがいいのではないか、と思えてくる。これが反対命題にあたる。だが、この場合だと、問いは果てしなく続き、世界の説明はまったく定まらない。世界説明は完結せず、わたしたちはどこか落ちつかない。

ようするに、世界とはなにか、と問いを立てた場合、それをとことんまで考えると、わたしたちは、正命題と反対命題との対立に、いわば、あちらを立てればこちらが立たず、こちらを立てればあちらが立たない、という行き詰まりの状況に陥ってしまうのだ。

一見とてもシンプルに見えるが、カントはこのアンチノミーによって、それまでの哲学の真理観（人間は世界そのものを言い当てることができる、主観は客観に一致する）をすっかり無効にしてしまったのだ。それはどういうことか。

さしあたって、その理由はわたしたちの言葉と世界との関係に深くかかわっている。

言葉と世界をめぐって

カントは正命題・反対命題のそれぞれに細かい証明を与えている。だが、ようするに、アンチノミーは、世界と言葉との独特な関係を背景にしていると考えればいい。

世界とはなかなか面白いもので、少しおかしな言い方になるかもしれないが、一方でわたしたちに言葉でもって整理するようにうったえ、他方でわたしたちの言葉がまだ足りないと指摘してくるような存在だ。

世界はわたしたちに、さまざまな矛盾や問題としてその姿をあらわしてくる。だから、わたしたちは世界を整理しなくてはならない。そうすることで問題に対して態度をとれる。こうした言葉による整理が、学問というものの土台だと言えるだろう。ところが、世界はまたさらに新しい自分のあり方をわたしたちに伝える。それは、いままでの言葉による整理では解決できない問題としてあらわれる。わたしたちはまた、その問題を整理できるよう、それまでの言葉を改めなくてはならない。

矛盾や問題の解決という生活の関心上、わたしたちは「世界とはなにか」という問いに答えなければならない。しかしまた、この言葉による整理がまったく完璧なものというわけでもない。アンチノミーは、このふたつの言葉と世界との関係の特徴を正命題と反対命題という両極に凝縮したかたちで示している。

正命題がなぜ安心できるかといえば、ちょうど地図があると、はじめていく土地にいっても安心なように、世界がどのようなものかについて知ることが生活に役立つことをわたしたちは知っているからだ。しかし、正命題の態度は、ときとして、自分の地図を絶対的なものだと過信しやすい。一方、反対命題は、かなり鋭い視点をもっている。それは、世界はつねに新しい問題をわたしたちに投げかけてくるようなもので、あらゆるわたしたちの把握が完璧なものではないことを知っている。つまり、正命題の態度に無知を教えるのだ。

ところが、この考え方には一般性がない。というのも、反対命題は、いわば、あなたの地図は完璧なものではない、と言うことしかできないからだ。たとえば、わたしたちは、あなたとしてはどのような地図がいいと思うのか、と反対命題に尋ねたくなる。しかし、そうなると反対命題にはその疑問に答える手立てがないのだ。

カントが反対命題としたように、こうした考え方は、つねに正命題に対する「反対（アンチ）」の原理として、世界は無限だ、完璧な地図はない、と言い続けるしかない。反対命題がもし世界はこういうものだと積極的な主張をすれば、それは正命題の態度をとることで、世界は限定され、無限なものでなくなるからだ。けっきょく、反対の原理は、徹底性はあるが、生活の必要という観点からは弱いのだ。

世界と言葉との関係は、言いたいことと言葉との関係にも重なる。わたしたちは、言いたいことを言葉でもって表現しなくてはならない、と考える。人間関係上、これは必要なことだ。この態度が正命題にあたる。しかしもし、言いたいことを完璧に表現できる言葉があるのなら、そもそも新しい言葉、新しい表現は生まれないだろう。もちろん、じっさいは日々、新しい言葉や表現が生みだされている。心というのはある意味で、無限に新しい相をわたしたちにあらわすのだ。

だから、言いたいことを完璧に言葉でもって表現する、というのは不可能で、むしろ無限に多様なものとしての言いたいことがある、と言ったほうがいいかもしれない。これが反対命題の態度だ。ところが、もし言いたいこと自体がそもそも無限定なものとして絶対化されれば、その無限定なものにかたちを与え、言いたいことを表現しなければならない、というわたしたちの生活の必要そのものが無意味な試みになってしまう。

このように眺めてみると、正命題も反対命題も、それなりに理もあり、それなりに問題もある、ということがわかってくる。

この対立は一見、極端なものに見える。しかし、カントの深い確信は、わたしたちが思考や推論を真剣に推し進めれば、かならずこの正命題と反対命題のふたつにいきつかざるをえない、という点にあった。だから、アンチノミーは、ものごとを考えぬく営みである哲学そのものの問題のかたち、そして、その行き詰まりのかたちだと言える。

じっさい、哲学の問いのすべてはこの言葉と世界の関係から生まれている、と言っていい。この関係がまた、世界とはなにか、人間は世界そのものを言い当てることができるか、主観は客観に一致するかどうか、という真理をめぐる問いと、その答えをめぐる対立を生みだしている。

しかし、カントに言わせれば、哲学は誤った真理観にもとづき、仮象の対立を生みだしているにすぎない。じつはそもそも、世界とはなにか、という問いに対して、人間の理性は答えることができないのだ。

有限と無限の対立

カントは、世界とはなにか、という問いに人間の理性が答えることは不可能だと言う。ここで重要なのは、反対命題のように、世界は無限なので人間の言葉はそれを把握できない、といったわけではない、ということだ。カントは、正命題も反対命題も誤っている、と言う。これはどういうことだろうか。

古代ギリシアから現代まで、哲学にとって、世界とはなにか、という問いは大きな問題だった。それは、一と多、全体性と無限、同一性と差異、といった対立的なキーワードでもって説明されてきた。

ところで、このキーワードを整理してみると、「一、全体性、同一性」といったキーワードの系列は、世界を閉じられた完結したものとして説明し、「多、無限、差異」というキーワードの系列は世界を開いたものとして説明することがわかる。カントのアンチノミーとの対応で言えば、「一、全体性、同一性」という系列は世界を有限としてとらえる正命題の態度、「多、無限、差異」という系列は世界を無限としてとらえる反対命題の態度だと言える。

いまここで、このふたつの系列をキーワードのもつイメージ（表象）だけでもって、大きくまとめてみよう。そうするとつぎのようになる。

有限性の表象（一、全体性、同一性）
　完結した世界、閉じられた世界
　言葉によってきちんと把握された世界
無限性の表象（多、無限、差異）
　けっして完結しない世界、開かれた世界
　言葉によって把握されることから逃れる世界

たとえば、二〇世紀の思想は、その前半は、有限性の表象が力をもち（客観主義的科学論、マルクス主義、論理実証主義）、その後半は、無限性の表象が優勢だった（相対主義的科学論、ポスト・モダニズム、懐疑主義的言語哲学）と言える。

そのイメージとはどのようなものだったか。その例として、ここでは、マルクス主義とポスト・モダニズムのなかから、つぎのふたつの言葉を挙げておこう。

ダーウィンが生物進化の法則を発見したように、マルクスは人間の歴史の発展法則を発見した。〔…〕すなわち、人間は政治や科学や芸術や宗教などを研究するまえに、まず食い、住み、着物をきなければならない、したがって、直接的な物質的生産手段の生産が、それとともに、ある国民またはある時代のそのときどきの経済的発展段階が土台をなし、その土台から人々の国家制度や法律思想、芸術や、また宗教的観念さえも、発展したし、したがってこれらのものもまたここ〔この土台〕から説明されなければならず、これまでのようにその逆に説明されてはならないということ、これである。

——エンゲルス「カール・マルクス葬送の辞」『空想から科学へ』

エンゲルスはマルクスの経済学を自然科学のような客観的な学問として基礎づけた思想家として知られている。ここでマルクスの経済学がどのようなものであるかを詳しく見ることはできない。だが、さしあたって、エンゲルスがここで言っていることはこうだ。マルクスは人間の物質的・経済的条件があらゆる政治、文化、宗教の土台であって、またその土台の発展の歴史が「人間の歴史の発展法則」であることを発見した（史的唯物論）。これはダーウィンの進化論と同じような発見で、人類の進歩、その歴史の過去から未来までを見渡せるような偉大な発見であった。
この理論そのものが正しいかどうかは、いまここでは問わない。大切なのはこうした考え方のもつイメージだ。ここには、いわば、歴史（世界）の端から端までを見渡し、その必然的な流れを描くようなカづよさがある。これは、世界を言葉で完璧に説明できるとする真理のイメージをもっていると言えるだろう。
一方、つぎの言葉は、エンゲルスの言葉の真理のイメージと真っ向から対立するようなイメージをもっている。

一つ一つの〈個体〉が無限の多様体であり、〈自然〉全体は、複数の多様体からなる、しかし完璧に個体化した一個の多様体だということになる。〈自然〉の存立平面は、さながら一個の巨大な抽象機械であり、「抽象的」とはいえ、あくまでも現実性と個体性をそなえたこの機械は、さまざまなアレンジメントや〈個体〉が部品となって構成されている。こうしたアレンジメントや〈個体〉は、いずれもさまざまな度合で構成された無限に多様な関係のもとで、無限個の微粒子が集合して成り立っているのである。

——ドゥルーズ＝ガタリ『千のプラトー』

ドゥルーズ＝ガタリはポスト・モダンの代表的な思想家としてよく知られている。ここで「存立平面」「抽象機械」といった聞きなれない言葉が出ているが、この場合、垂直な人類の進歩の歴史、垂直で権力的な社会構造に対して「平面」が、一般に自己をかたちづくる核とされる精神に「機械」が用語的に対置されている。とはいえ、こうした言葉の意味はそれほど重要ではない。大切なのはつぎの点だ。

エンゲルスの言葉が世界についての理論について語っていたのに対し、ここでドゥルーズ＝ガタリが語っているのは、世界についてのイメージそのものだと言える。それを整理してみよう。

個や自然はなんら固定的な姿をもたず、無限の多様としてある。垂直に発展する決まった目的などなく、あるのは平面的に無数に多様なアレンジメント（要素間のつながり）だけだ。世界は無限に多様で無数の微粒子の集合としてある。

これが世界のあり方なのかどうか、それを理論的に検証することにはほとんど意味がない。重要なのは、無限、多様、微粒子といった言葉のもつイメージそのものだ。ドゥルーズ＝ガタリは、いわば、イメージの詩《うた》を使って世界を描き、マルクス主義的な真理の思想を解体しようとした。世界は無限に多様で自由だ、それを言葉で完璧に説明することなどとうていできない、と。

いまのわたしたちは、このイメージの思想に納得できないかもしれない。しかし、人類の進歩と未来、社会変革の希望を一手に引き受けたマルクス主義がその矛盾をあらわしだした二〇世紀の後半、こうした思想は、マルクス主義に対する強力な批判となりえたことは事実だ。

さて、わたしたちはここで、ふたつの対立する思想、その言葉の質も極端にちがうふたつの思想を見たわけだが、おおまかに、有限性の表象と無限性の表象の特徴をまとめてみよう。

有限性の表象は、言葉で世界そのものを把握できるとし、世界を、ひとつの同じもの、全体として理屈の通ったものとして描きだす。これは、わたしたちの世界を包括的にとらえようとする要求を満たし、それによって、この世界の矛盾や問題を解決することに貢献する。とはいえ、世界を一義的にとらえようとする姿勢は、ときにほかの意見を認めない独善やイデオロギーに陥る。ある意味こうなると、有限性の表象とは、絶対的な必然性の表象だと言えるかもしれない。

これに対して、無限性の表象とは、いつも、有限性の表象の影のように、それに反対する原理としてあらわれる。無限性の表象は、有限性の表象に対抗する世界のイメージを提出しなければならない。その世界は、多様で、無限で、差異に満ちたものとして描かれる。これはある意味で、有限性の表象の絶対的な必然性に対抗する、自由の表象と言える。

しかし、すでに見たように、この態度は、わたしたちの言葉による世界の把握が不完全であることをよく示すが、わたしたちが言葉でもって世界を把握することの意味がうまく説明できない。極端に言えば、言葉によって世界を把握することは不可能なのだから、世界はその多様な姿のままで置いておいたほうがいい、ということになってしまうのだ。こうなると、無限性の表象は、絶対的な自由の表象、ある意味で完全なる〈ひとそれぞれ〉の表象と言えるかもしれない。

このふたつの表象の対立をどう整理したらいいだろうか。アンチノミーに関連づければ、つぎのようになるだろう。

正命題　世界全体は言葉で把握できるものとしてある。
反対命題　世界全体は言葉で把握できないものとしてある。

このように整理すればわかるのだが、じつは、正命題（有限性の表象）の側も反対命題（無限性の表象）も、世界全体を言い当てようとしていることにはかわりないのだ。

正命題が世界を全体的に言い当てようとしていることはわかるが、反対命題はどうしてそう言えるのか、という疑問はあるかもしれない。しかし、じっさいは、反対命題は表面的には世界全体を言い当てられないというのだが、そういう把握できないものとして（多様なもの、無限なもの、差異として）、やはり世界全体を言い当てようとしているのにはかわりないのだ。

カントは、「世界とはなにか」という問いに人間の理性が答えることは不可能だと言う。だが、それは、正命題の有限としても、反対命題の無限としてさえも不可能、ということを意味しているのだ。では、なぜそういう意味で不可能なのか。その理由は、わたしたちの理性の本性そのものにあるとカントは言う。

理性の本性

カントに言わせれば、正命題も反対命題も共に誤っている。なぜそう言えるのだろうか。カントの答えは「それは理性の本性そのものからして」という、とてもシンプルなものだった。カントは理性の本性をつぎのように言う。

> 理性がこのことを要求するのは、条件づけられたものが与えられているときには、諸条件の総計も、したがって端的に無条件的なものも与えられており、この端的に無条件なものによってのみ条件づけられたものは可能であったのであるという原則にしたがってである。
>
> ――カント『純粋理性批判』

理性には、条件から条件へと推論し、「条件の総計」、つまり世界全体を思い描く本性がある。しかし、この世界全体を把握しようとする本性が、じつはそもそもの問題なのだ。

まず、アンチノミーが生じたときのことを思いだしてみよう。正命題は、世界の条件の系列のいちばん最初の項（たとえば、ビッグバンという無条件者）を限定することから生まれていた。これは世界全体を有限で閉じたものとして描きだす態度だった。一方、反対命題は、世界の原因の系列そのものを無限としていた。これは世界全体を無限に開かれたものとして描きだす態度だ。

さて、この両者とも、有限で閉じたものとしてであれ、無限に開かれたものとしてであれ、条件の総計、世界全体が言い当てられることを前提にして世界を描いていることにはかわりない。だが、そのようなことはそもそも可能だろうか。

まず、正命題についてだが、これはすでに見たように、反対命題から、世界全体を確定することは不可能だということがわかる。これが世界のはじまり、と世界の系列の最初の項を置いたとしても、まだその先に条件を推論する可能性は残るからだ。

ところが、反対命題にも問題がある。カントは、全体が無限であるとは論理矛盾だ、という難しい言い方をしてこの問題を指摘しているが、その意味はこうだ。反対命題は、世界全体を無限な系列だとするが、じつは、系列の総計（世界全体）が無限だということは不可能なのだ。系列の総計というのは、すべての系列をたどり終えることで成り立つ。だが、系列が無限ということは、系列そのものが完結しないことを意味する。となると、系列の総計（世界全体）が無限だ、などとは厳密には言えないことがわかるだろう。

カントはこう言っている。ようするに、推論を重ね、世界全体に至ろうとする理性にとって、世界の起源はある（有限）とする正命題は小さすぎ、世界の起源はない（無限）とする反対命題は大きすぎるのだ、と。

けっきょく、世界全体を把握しようとする理性の試み自体が、正命題としても反対命題としても不可能だったということになる。言い換えれば、言葉でもって世界全体を把握すること、主観と客観を一致させようとする真理観そのものが原理的に不可能なのだ。

カントはこうすることで、古代ギリシアから現代まで、一と多、全体性と無限、同一性と差異、といったキーワードでもって説明されてきた、「世界とはなにか」という問いに正確に答えようとする哲学同士の争いに終結宣言をつきつけたのだ。

これはおそろしく徹底した試みだった。すでに古くから、多様、無限、差異といったキーワードをもとに、無限性の表象を援用することで、「言葉でもって世界全体を把握できない」「主観と客観は一致するという真理観は誤っている」と主張する哲学はあった。いわば、反真理の哲学の流れである。しかし、こうした反真理の哲学が使う無限性の表象は、反真理として世界全体を言い当てたものなのだ。そういう意味で、主観と客観の一致というそれまでの真理観を受け継いでいることにはかわりない。カントはこのことをしっかり見ぬいていたのだ。

だから、アンチノミーは、およそすべての反対（アンチ）思想、懐疑主義、相対主義よりも強力だということがわかる。ここでカントがはっきりと証明したのは、正命題としてどころか、反対命題としてさえも、「世界とはなにか」という問いに答えることは不可能だ、ということなのだから。

起源の問いは無効である

わたしたちは、世界の全体について、正命題としても反対命題としても答えを出すことができない。世界の起源や根源についても同じことが言える。

神話は、この世界がいつ生まれ、人間はどうしてこの世界に存在したのか、という究極的な起源や根源に対する問いと答えをかならず含んでいる。また、古代ギリシアで、哲学はアルケー（原因、起源や根源）の問いとしてスタートしたと言われている。

中世から近代の哲学、そしていくつかの現代の哲学もまた、多くの起源や根源に対する問いと答えを含んでいた。世界の究極の原因、「第一原因」を求め、それを神とする「神の存在証明」はほとんどの哲学者が行っていた（これを自覚的に行わなかったのは、カント以前はヒュームぐらいだ）。ライプニッツも世界の原因や理由の系列を究極までたどれば、そこにこの世界に目的と意味を与えている神がいることがわかる、とした。二〇世紀の哲学でも、たとえば、存在の形而上学を打ち立てたハイデガーは、「なぜいったい、存在があるのか、そして、むしろ無があるのではないのか」というライプニッツの究極の起源や根源をめぐる問いを西洋形而上学の問いの中心として高く評価している。

アンチノミーは、こうした起源や根源をめぐる問いをすべて無効にする。

なぜ、どうして、と原因、理由、根拠をたどって、どのような限定も受けない究極的なもの、無条件なものを求める理性の本性とは、起源や根源を言い当てようとするわたしたちの思考のあり方そのものだ。

だから、「世界のはじまり」をめぐる第一アンチノミーは、そもそも根源をめぐる問いだと言える。正命題はこの根源を「ある」とする態度、反対命題はそれを「ない」とする態度だ。

ここでもう一度、第一アンチノミーを示しておこう。

正命題　世界は時間的なはじまりをもち、空間的にも限界をもつ。世界は時間的・空間的に有限である。

反対命題　世界は時間的なはじまりをもたず、また空間的にも限界をもたない。世界は時間的・空間的に無限である。

すでに見たことから明らかなように、こうしたふたつの主張の対立は不毛な争いにすぎない。起源や根源について、そういうものを「ある」とする立場は、「根源のその先は」と問う余地を残す理性にとっては小さいものであり、そういうものを「ない」とする立場は、推論はけっして完結することができない理性にとっては大きすぎるものだった。

ここでも重要なのは、世界の起源や根源は、そういうものを「ある」とする正命題としてどころか、そういうものを「ない」とする反対命題としてさえも、知ることはできない、ということだ。たとえば、根源的な存在に対抗して無を立てる、あるいは、無限の時間の系列といったものを立てて、それを批判する態度はあるだろう。また、相対主義的に観点はいくらでもとることができ、唯一の根源はなく、根源的存在はいくらでもある、というかたちで起源や根源を批判する態度もあるだろう。

だが、無にしても、無限の時間の系列にしても、そして、無数の起源ということにしても、それらは反対命題的に起源や根源を置いていることにはかわりない。そもそも、こうした考え方自体が、反対（アンチ）の思想として、世界そのものを言い当てようとしていることにかわりはないのだ。

そして、カントがはっきり示しているのは、だれも、無として、無限の時間として、無数の起源として世界を言い当てることなどできない、ということだった。

ようするにカントは、そもそも、起源や根源について、そうした究極的な存在を「ある」と言ったり、「ない」と言ったりすること自体に意味がない、と言ったのだ。それは、理性にとって原理的に答えの出せない問いをめぐっているからだ。

カントの「純粋理性のアンチノミー」には、神話の世界から古代ギリシア、そして現代にまで至る、起源や根源の問い、そして、その問いに対する反対（アンチ）の思想までのすべてを批判してしまう徹底した原理があるのだ。

世界はけっして知りえない

とはいえ、わたしたちはつぎのように考えるかもしれない。世界全体やその起源、根源といった究極的な存在は言い当てられないとしても、この目の前の事物は把握することができるだろう、と。

ところが、目の前の事物を把握することさえ、わたしたちには不可能なのだ。じつは、世界全体の把握が不可能ということと、この目の前の事物の把握が不可能ということとは、同じかたちをとっている。つまり、アンチノミーに陥ってしまうのだ。

たとえば、いま目の前にある本について考えてみよう。わたしたちは「ここに本がある」と言う。この本はひとつのかたちをもった事物として（輪郭づけられた有限なものとして）、ある意味で、この本としての全体性をもっている。いま、ひとつのまとまりをもち（一であって）、そうそう変化しない（同一の）事物としてある。これは正命題的な回答だ。

ところが、ほんとうにそう言えるかどうか、わたしたちは徹底して事物を把握しているか、という疑問が起こってくる。一見、ある全体性をもっていると思われるこの本も、この机、このパソコン、このイス、この部屋にあるもの、この世界にあるもの、といった無限に多様な連関（差異）のなかにある、という意見があるかもしれない。事物ひとつ全体としては把握できない、あるのは無限の事物（言葉）の連関だけだ、というわけだ。これは反対命題的な回答だと言える。

あるいは、これは「第二アンチノミー」としてカントが取りだしているものだが、この本がなにでできているかという構成要素でもって、この本とはなにか、に答える場合がある。この本は物質なので原子でできている、と答えるのがそれだ。これは物質の最小単位（究極的な起源）はある、とする立場をもとにしている。カントによれば、これが正命題にあたる。

しかし、これはこれでまた、ではその原子はなにでできているか、という疑問が生まれる。この推論は無限に続くから、事物は無限に分割できる、と言ったほうがいい、ということになる。これが反対命題だ。

ほかにもいろいろ例があるかもしれない。しかし、ちょうど「世界とはなにか」という問いの場合と同じように、この事物ひとつについても、「それはなにか」という問いは正命題と反対命題のアンチノミーに陥ってしまうのだ。

そして、事物ひとつをとってみても、それを全体的に知ろうとする推論にとって、正命題的な答えは小さすぎ、反対命題的な答えは大きすぎる、ということになる。

こうなると、わたしたちは目の前の事物ひとつについてさえ、なにも言えないことになる。ようするに、わたしたちは、世界そのものについてまったくなにも知りえない、ということになるのだ。このけっして知りえない世界そのもの（個々の事物も含めた世界そのもの）が、「物自体」と呼ばれる。

もっとも、わたしたちは、世界そのものはけっして知りえない、と言われると、かなり違和感を覚える。わたしたちの目の前のこの事物、わたしたちの生きているこの世界、とはいったいなになのか、まったくわからなくなる。じっさいは、わたしたちは、この事物やこの世界があり、この事物やこの世界をよく知っているということを信じて疑わないからだ。

だが、カントはアンチノミーを「懐疑的方法」と呼んでいたことを思いだそう。その目的は「確実性をめざす」ことにあった。カントはわたしたちの知識を疑うためだけに疑ったわけではない。この懐疑は、それまでの真理観、主観と客観の一致（言葉と世界そのものとの一致）という考え方を一回なしにして、新しい真理についての考え方を打ちたてるために行われたのだ。

じっさいカントは、わたしたちは世界そのものを知りえない、と言ったが、一方で、わたしたちは世界そのものとは言えないものの、経験的な世界というものをちゃんと把握できる、とも言った。そして、世界や事物が不確かなものではない理由はわたしたちの主観のなかから取りだせる、しかも、この方法しかそれを証明することはできない、と言ったのだ。その方法こそ、「超越論的哲学」

という方法なのだが、その意味についてはあとで見よう。

3 物自体とはなにか

「この道をいけば哲学に未来はない」

拒絶することもできないし、解答することもできない問い。これが理性の問いの性格だった。理性は世界全体や根源的なものを求める本性をもつ。このことは拒絶できない。それは、古代から現代まで、「世界とはなにか」という問いと、その問いに有限性と無限性の表象でもって答える哲学の対立というかたちであらわれてきた。

しかし、また、その問いは理性の能力を超えた、原理的に解答できない性格のものだ。アンチノミーが明らかにしたのはこのことだった。

それまでの哲学は、この「解答できない」という点に無自覚だったと言っていい。アンチノミーで言えば、正命題は世界そのものを認識できるとして、一方で、反対命題はそのようなことはありえないとして、世界そのものを提示する。両者ともに、世界そのものを把握する、というそもそも理性にとって不可能なことに挑戦していることにはかわりない。

けっきょく、正命題も反対命題もほんとうは知りえないことを、「知っている」とお互いに強弁しているにすぎないのだ。そして、古代から現代まで続く哲学上の争い、有限性と無限性の表象をめぐる争い、起源や根源をめぐる問いを無意味とするのだ。

ここに『純粋理性批判』が理性の「批判」である理由、それが哲学的思考に対する根本的な「批判」である理由がある。

だが、いったいなにがこの不毛な争いの中心にあるのか。それこそまさに、わたしたちは言葉で世界そのものを把握できる、主観と客観は一致しうる、とする真理観なのだ。

理性と哲学的思考に対する「批判」は、それまでの真理観に対する「批判」だと言える。だから、カントは世界そのもの（客観そのもの）を物自体とした。まず、主観と客観が一致しうるとするその大前提、その主観がめざす客観を物自体と呼んで、けっして知りえない不可知のものとするのだ。

ところで、この物自体は「限界概念」とも呼ばれる。物自体は、崖の前に立つ「この先キケン！」という標識の役割に似ている。物自体は、この道をいけば哲学に未来はない、この線を超えれば不毛な争いと言葉の遊戯しかありえず、哲学は死んでしまう、という限界を示す標識なのだ。

物自体の領域には、「弁証論」の構成のところで見たように、「不死の魂」や「神の存在」も属する。いまのわたしたちに引きつけて言えば、「ほんとうのわたし」や「人間や世界の究極目的」といったものも物自体なのだ。

世界そのものを知ろうとすることと同様、不死の魂や神の存在を知ろうとすることも理性の能力を超えた原理的に解答不可能なこと、物自体に属することだとカントは言う。

真理観と重ねて言えば、主観がそれを把握しようとする客観そのものとしての不死の魂、世界全体、神の存在というものは、そもそも、知りえないものとしてある、とカントは言うのだ。

もちろん、この「知りえない」ということは、反対命題的に、不死の魂は「ない」、世界の起源は「ない」、神は「ない」という意味ではない。そういうものは、わたしたちの認識の限界を超えている、とカントは言う。

ようするに、世界そのものは有限だ（正命題）、世界そのものは無限だ（反対命題）と独断して争うことが無意味であったのと同様に、不死の魂や神の存在をある・ないと争うことにも意味がない、とカントは言うのだ（もっとも、「純粋理性の誤謬推理」と「純粋理性の理想」には、「純粋理性のアンチノミー」のように正命題・反対命題の対立はない。だが、カントが不死の魂や神の存在が「ない」と反対命題的に主張したわけではないのは確かだ）。

不死の魂も世界そのものも神の存在も、物自体であって、これについて理性が言い当てようとすれば、かならず失敗する。

この失敗には、いままでいうところの「物語」という言葉がよくあてはまる。わたしたち（主観）は物自体（客観そのもの）をけっして把握できない。だから、物自体について語ろうとすれば、だれにも検証不可能な物語にならざるをえない。それは不死の魂や神の存在といったキリスト教的な文字通りの物語だけを意味するのではない。世界そのものを言い当てようとする正命題と反対命題との対立も、そもそも理性にとって検証不可能な物語同士の不毛な対立だと言えるのだ。

だからこう言える。物自体という限界を示す標識には「ここから先は物語！」と書いてある、と。

「にもかかわらず」という発想

だが、ここまでくると、カントがひどい懐疑主義者、不可知論者のように見えてくるかもしれない。わたしたちはこう思う。不死の魂や神の存在だけでなく、世界全体、あらゆる究極的な起源や根源、そして、この目の前に見ている事物そのものまで「物自体」とするなら、ようするに、わたしたちに認識できるものなどまったくないのではないか、ある意味で、すべてが物語になってしまうのではないか、と。

だがそうではない。まず、カントは、わたしたちの経験的な世界（現象）については確かに認識できる、と言う。カントはこうしたものを客観的知識と言うのだけれど、それは正確に言えば、客観そのもの（物自体）、真理についての知識ではない。むしろ、カントは、わたしたちにとっての普遍的知識（だれにも共通であろう知識）を取りだそうとしたと考えればいい。

先ほど少し見たように、わたしたちは、目の前のこの事物、わたしたちの生きているこの世界はけっして知りえない、と言われると、かなり違和感を覚える。確かに、徹底的に考えれば、事物そのものさえ、わたしたちははっきりと認識できないことが理屈ではわかる。にもかかわらず、わたしたちは、この事物やこの世界があるということを信じて疑わないのだ。カントはこの「にもかかわらず」の理由をわたしたちの主観のほうから取りだそうとする。

さて、この主観こそ、あの近代の哲学が獲得した〈ひとそれぞれ〉の主観を意味する。デカルトは、この主観をだれもがものごとを考えるための確実な足場とした。だが、デカルトは神の存在証明を行って、主観は客観に一致しうる、とした。スピノザをはじめ合理論の哲学者たちも、この主観は客観に一致しうる、という考えにしたがった。一方、経験論の哲学者たちはこの真理観に徹底的に抵抗した。ヒュームは、感覚的経験と習慣という原理で、この〈ひとそれぞれ〉の主観のなかに人びとと共有できるものなどまったくなにもない、ということを証明しようとした。

しかし、合理論にしても経験論にしても、ある発想が欠けていた。それは、だれもがこの現実や目の前の事物があることを信じて疑わないということ、その理由を〈ひとそれぞれ〉の主観のうちに探る、という発想だ。

そもそも、〈ひとそれぞれ〉の問題は、共通の知識は成立するかどうか、という点にある。現実や目の前の事物がきちんとあることはだれにも共通の知識だといえる。だが、確実なのは〈ひとそれぞれ〉の主観だけだとするならば、その共通の知識があるということがよくわからなくなってしまう。デカルトや合理論の哲学者たちは、真理や客観の立場をもちだして、この問題に答えようとした。だが、このやり方は、すでに経験論の哲学者たちが指摘したとおりで、〈ひとそれぞれ〉の自由をなくしてしまうという問題をもつ。

ところが、経験論は現実や目の前の事物があることさえも共通の知識であることを疑ってしまう。経験論のこの懐疑はある意味で正しい。もし、この共通の知識を客観的な真理と考えるなら、カントがアンチノミーで徹底的に示したように、そのような真理をわたしたちはけっして認識できないからだ。だが、経験論に欠けていたのは、つぎの発想だ。

だれも真理の場所に立つことができない以上、ほんとうの意味での共通の知識などありえない。だが、にもかかわらず、わたしたちは、現実や事物があることを、だれにも共通にそう言えることがらだと固く信じている。

ようするに、共通の知識というものを、合理論も経験論も客観的な真理だと考えていたのだ。だから、両者の哲学の乗り越えがたい対立が生まれていた。しかし、共通の知識というものは真理ではない。主観を超えた（わたしだけの勝手な思い込みではないような）真実だ、とわたしたちが固く信じていることだと考えればいいのだ。

では、このように共通の知識だと信じることの理由はどこにあるのか。それが導きだされるのが、〈ひとそれぞれ〉の主観という場所なのだ。

カントは、はっきりと「信じる」というキーワードで自分の哲学の方法を語ったわけではない。だが、明らかにカントはこういう発想をしている。

だから、カントの哲学は真理の哲学でもなければ疑うための哲学でもない。信じていることの理由を取りだす哲学、信じるための哲学なのだ。

カントが考えた方法はこうだ。まず物自体（客観そのもの）があって、それをわたしたち（主観）が認識する、という図式で考えることはやめよう。物自体そのものがなにかはけっして知りえないからだ。だから発想を変えよう。物自体（客観そのもの）から考えることはやめにして、むしろ逆に、わたしたちの主観のうちにこの事物やこの世界が確かにある、と信じる理由がある。そう考えてみよう。これが「超越論的哲学」という方法になる。

第三章

「わたし」のなかの普遍性

感性・悟性・理性

1　主観という方法

超越論的哲学の誕生

アンチノミーが示したのは、だれも究極的なものを言い当てられない、主観と客観が一致するという保証はどこにもない、ということだった。人間はだれも客観や絶対的な真理の場所には立てない。だから、みな〈ひとそれぞれ〉の主観でしかない。ようするに、わたしたちに残された確実な場所はこの〈ひとそれぞれ〉の主観しかないのだ。しかし、これは、消極的な意味ではない。ここであらためて、わたしたち一人ひとりに、あの第二の火である考える力が保障されたと言えるのだ。

これを近代哲学の歩みと重ねて言えば、つぎのようになる。

「純粋理性のアンチノミー」は、〈ひとそれぞれ〉の問題が合理論のように真理や客観の立場を立てることでは解けないものだということを徹底的に示した。にもかかわらず、そこでカントが堅持するのは、この〈ひとそれぞれ〉の場所だ。

ある意味で、カントはデカルトやヒュームの主観の原理に立ち戻り、それを徹底させることになったと言える。主観の原理を徹底するのだから、デカルトのように、神の存在証明をしたり、生得観念をもちだしたりして、主観は客観を言い当てられるとすることはできない。だが、ヒュームが、主観は感覚的経験や習慣という〈ひとそれぞれ〉の原理に貫かれている、としたのに対して、カントの場合は主観のなかに〈普遍性〉を見いだそうとする。ここがカントとヒュームの大きくちがう点であって、その点に「超越論的哲学」というカントの方法の独自性がある。

カントがつかんだ主観哲学の発想は、その記述の複雑さにもかかわらず、いたってシンプルなものだ。まず、カントが主観・客観の問題をどのように解こうとしたか、それをつぎのように整理しておこう。

●主観・客観の一致は原理的に不可能で、だれも真理の立場には立てない。人間は理性の本性から物自体（世界そのもの）＝客観を言い当てられない（「純粋理性のアンチノミー」）。
●にもかかわらず、わたしたちは事物経験や自然科学において共通の認識をもつことができる。
●その理由は、わたしたち一人ひとりがだれでも自分のなかから取りだせる。そのことは主観のうちの共通の（共通だと思われる）認識構造を描くことで説明することができる。

カントはこれを認識における発想の転換として考え、それをつぎのように言っている。

これまで人は、すべて私たちの認識は対象に従わなければならないと想定した。しかし、私たちの認識がそれによって拡張されるような何ものかを、対象に関してア・プリオリに概念をつうじて見つけるすべての試みは、こうした前提のもとでは失敗した。だから、はたして私たちは形而上学の諸課題において、対象が私たちの認識に従わなければならないと私たちが想定することで、もっとうまくゆかないかどうかを、いちどこころみてみたらどうであろう。

――カント『純粋理性批判』

いままで認識が対象にしたがうとしていたので哲学（形而上学）は失敗したが、逆に、対象が認識にしたがうと考えてみてはどうか、とカントは言う。この発想の転換は、認識論上のコペルニクス的転回と言われるものだ。

スピノザやライプニッツを考えると、世界そのものがまず大前提としてあった。哲学者たちの主観はそれを知ろうと概念のみを駆使し、壮大な説明をつくりあげた。これは、まず客観があり、それに認識（主観、わたしのもっている概念）がしたがう（一致する）、客観に主観をしたがわせよう（一致させよう）とする立場だ（経験論でもロックの一次性質の場合はこの立場にあてはまる）。

だが、その結果、カントが見たのは、世界そのものについて異論が百出する事態だった。それは、これが世界そのもののあり方だ、わたしの説明こそが世界を客観的に説明している、とあれこれ勝手な意見を強弁する、カントの用語で言えば「独断論」の戦場だった。

「純粋理性のアンチノミー」は、この独断論の試みを無効にした。世界そのものなど、人間はそもそも知ることはできない。だから、カントは、この知ることのできない世界そのものを「物自体」とし、不可知のものとしたのだった。そもそも、認識が対象にしたがう（＝世界そのものを把握できる＝主観が客観に一致する）という枠組み自体が不可能なことなのだ。

しかし一方で、物自体を知りえないとすれば、この現実や事物の存在や自然科学の知識はまったく根拠のないものなのだろうか。カントはこの疑問に答えるために、発想を変えてみよう、と言うのだ。認識が対象にしたがうのではなく、対象が認識にしたがう、と考えてみよう、と。

では、対象が認識にしたがう、とはどういうことだろうか。それまで、客観としての対象がまずあって、それを人間の認識（主観）が把握する、客観と主観は一致する、と考えられていた（図1）。しかし、これは原理的に不可能なことだ。こういう考え方ではなく、客観というものをなしにして、すべてを人間の認識にとっての対象と考えてみよう、とカントは言う。

ようするに、カントは、対象というものは、客観的にあるものではなく、わたしたちの認識（主観）にとってのみあらわれているものと考えよう（対象が認識にしたがう）、と言うのだ（図2）。これはそれまでの「主観は客観に一致する」という真理観とは大きなちがいがある。

カントの努力

対象は認識（主観）にしたがう。だが、人間の知の根拠を主観に求めるのならば、それは、まさにわたしたちの知識には他者と共有できるものはまったくない、という〈ひとそれぞれ〉の問題を生むのではないだろうか。

すでに見たように、この問題を先鋭化させたのが、ヒュームだった。ヒュームは感覚的経験や習

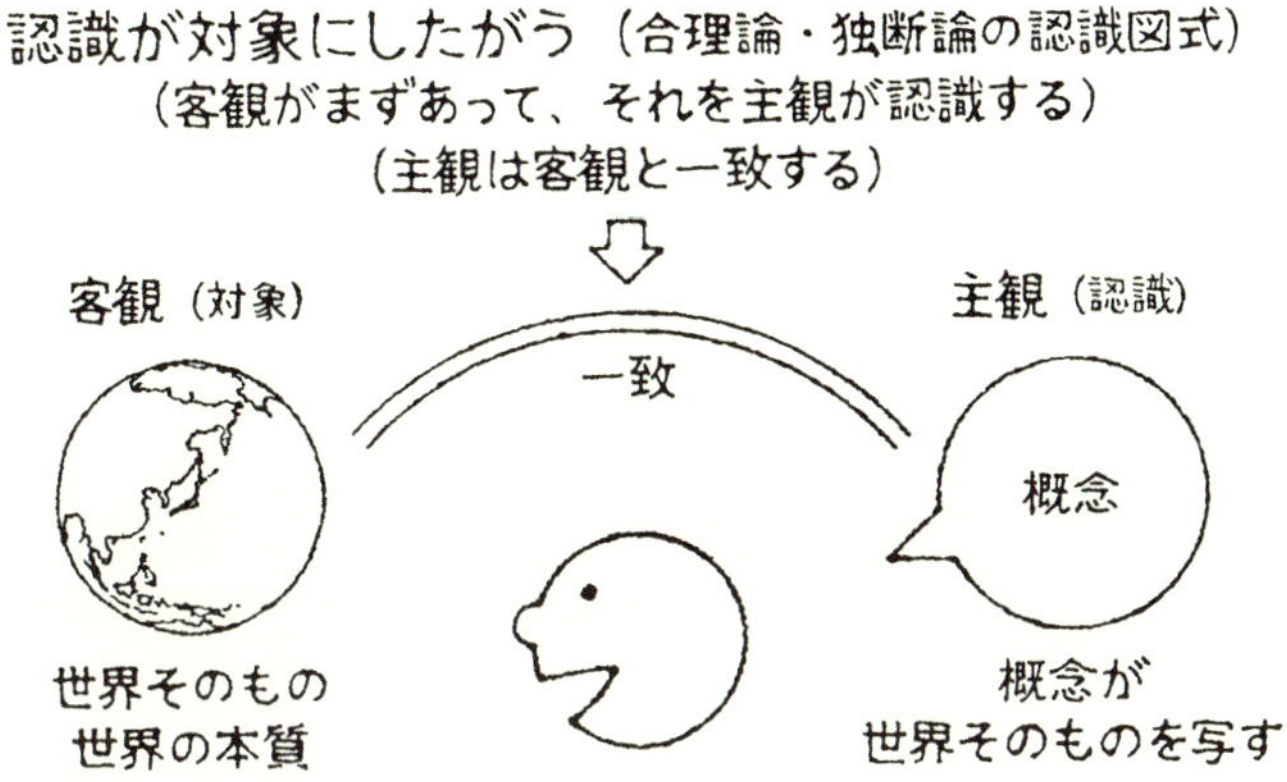

認識が対象にしたがう（合理論・独断論の認識図式）
（客観がまずあって、それを主観が認識する）
（主観は客観と一致する）
客観（対象）
主観（認識）
一致
概念
世界そのもの
世界の本質
概念が
世界そのものを写す

図1

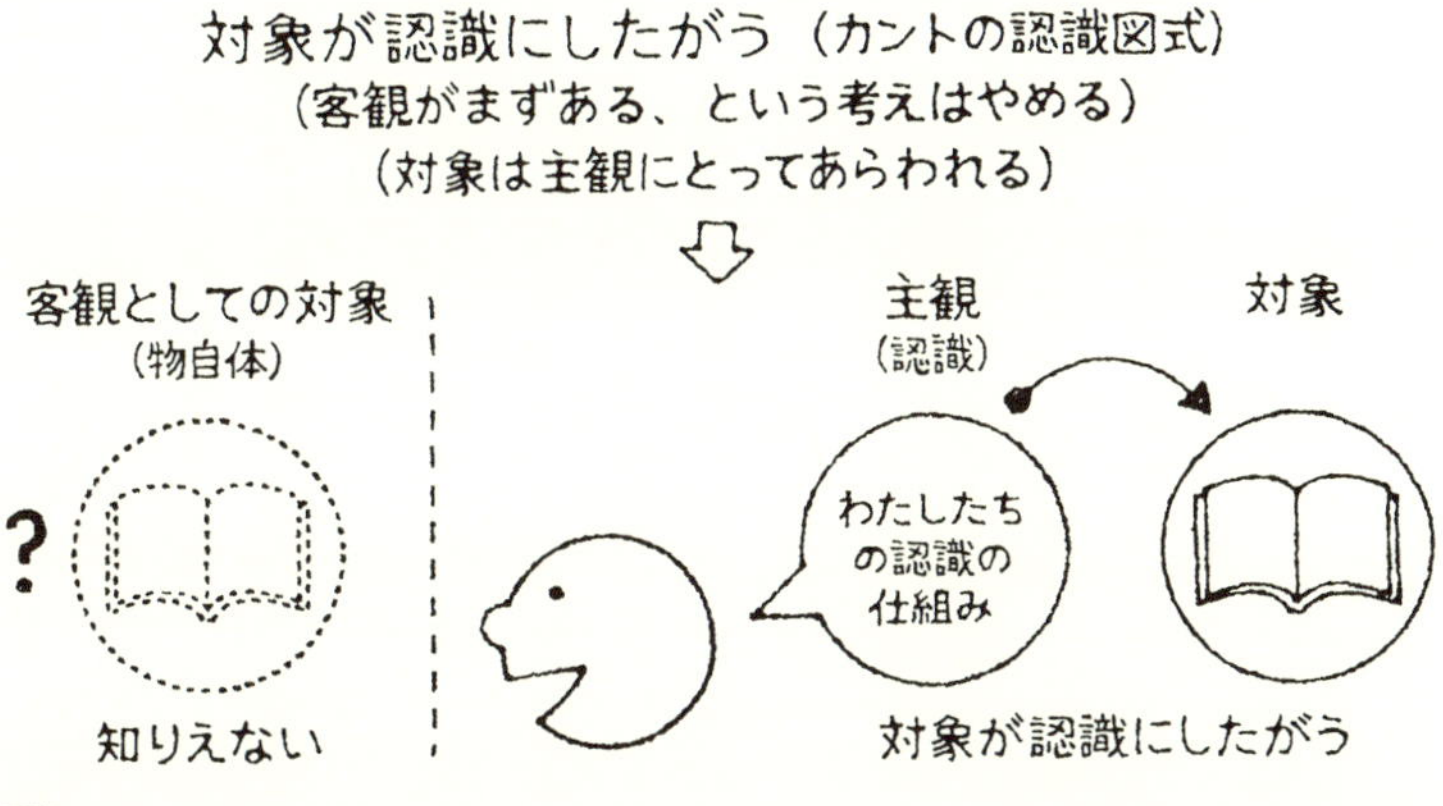

対象が認識にしたがう（カントの認識図式）
（客観がまずある、という考えはやめる）
（対象は主観にとってあらわれる）
客観としての対象
（物自体）
?
知りえない
主観
（認識）
対象
わたしたち
の認識の
仕組み
対象が認識にしたがう

図2

慣という原理によって、自然の秩序さえだれとも共有できない〈ひとそれぞれ〉の知識にしたのだった。

だが、わたしたちは、火が熱いという自然の秩序はだれにも共通することがらだと信じて疑わない。ヒュームの考え方では、どうしてもこの人間共通の知識が成立することの理由がうまく説明できないのだ。

カントはこの問題に気づいていた。すでに見たように、カントは、人間は「世界そのもの＝物自体」を知りえない、と考えていた。だから、自然法則は、世界そのものの法則かどうかはわからない。だが、一方で、「自然法則は世界そのものの法則かどうかはわからないが、人間が確実に知りうることだ」とカントは考える。言い換えれば、自然科学は人間にとって共通の知識として成立しうると考えるのだ。カントはその理由を、人間ならだれもが共通にもっていると思われる、事物を経験するための形式や思考に求める。

これはなかなか独創的なアイデアだ。先ほど見たように、対象は人間の認識にしたがう、というカントの考え方は、主観の哲学の流れに属する。だから、カントは人間の認識が〈ひとそれぞれ〉であることは認めている。だが、一方で、〈ひとそれぞれ〉の主観のなかに「だれにも共通なもの」、つまり〈普遍性〉を探ろうとするのだ。

もちろん「そのような試みはおかしい、カントは人間の認識は主観的なものだということを認めているのだから、だれにも共通なものなど確かめることはできないではないか」という批判がありうるだろう。じっさい、『純粋理性批判』にはこのような批判が向けられて、カント自身、その批判に答えるのに苦労し、うまくいっていない部分もある。

だが、このカントの試みは、ひとつの「努力」と考えたほうがいい。これは、〈ひとそれぞれ〉の主観を認めながらも、同時に、だれにも共通なもの、普遍的なものを探ろうとする努力だと考えたほうがいいのだ。

アンチノミーが示したのは、だれも世界そのものを知ることはできない、ということだった。だが、わたしたちは、ふつうにほかのひとと共に同じ事物を見ている、同じ世界を生きていると固く信じている。つまり、人間は、個々ばらばらな〈ひとそれぞれ〉の主観を超えて、同じ世界があることを固く信じている。

ここで、この「主観」を超えたものを「超越」と呼んでみよう。そして、その「超越」がなぜ可能になるのかと問うのが「超越」についての「論」、つまり「超越論」ということになるとしてみよう。

カントはこの「超越」が成立する理由を、まず、人間ならだれもが共通にもっていると思われる事物を経験するための形式や思考に求めた。だから、カントが「超越論的哲学」と言う場合、それは、ただたんに主観だけを確実とする哲学を意味しない。むしろ、その主観のなかに人びとと共通のものを探る態度のことなのだ。

じっさいには、カントの「超越論的」という用語は非常に複雑な使われ方をしているため、多様な解釈を許すものになっている。だが、こう考えることで、カントの主観の哲学の意義をいちばんよく生かすことができるはずだ。

ここで、どうしてわざわざこのようなめんどうな手続きをしなくてはならないのだろう、と感じるひともいるだろう。そもそも主観の哲学が〈ひとそれぞれ〉という問題を生むのだから、そのかまえにこだわる必要はないではないか、と。

しかし、もし、この主観という足場をはずして、絶対的な真理の立場を立てて〈ひとそれぞれ〉の問題を解こうとすれば、この帰結は、すでに何度も見たように、それぞれの「絶対」を御旗にかかげた不毛な議論や争い、そしてイデオロギーのもたらす恐怖しかない。

だからわたしたちは、主観という足場をはずすことはできないのだ。近代の人間が、自分の外側の権威や圧力に負けない土台として、「わたし」を勝ちとったように、この〈ひとそれぞれ〉という主観こそが、人間一人ひとりが自分でものごとを考え、立場や意見を表現できる自由を保証している。

だから、主観の自由を手放さずに、どのようにして、その主観は、自分だけの知を超えて他者と「共有できる」「同じ」「共通の」考えや知識を獲得できるのか。それを問うところにのみ、〈ひとそれぞれ〉の問題を解く可能性がある。カントはこれを哲学史上はじめて「超越論的哲学」として方法化したのだ。

もっとも、くりかえしになるが、個々の主観の領域のみを確実なものとして考える以上、厳密に言えば、カントが取りだす認識の共通構造とは、あくまでも、カントにとって、共通にもっている「と思われる」構造にすぎない。だから、このカントの試みは、〈ひとそれぞれ〉のなかに〈普遍性〉を探るひとつの「努力」と考えたほうがいいのだ。そして、この努力はまた、〈ひとそれぞれ〉の時代に生きるわたしたちが〈普遍性〉を探る努力としても読むことができるはずだ。

さて、カントが『純粋理性批判』で行ったこの努力を、わたしたちはつぎの順番にしたがって見ていこう。

感性と悟性
統覚と構想力
理性

これらは、わたしたちが事物の認識を成立させるための共通構造としてカントが取りだしたものだ。この取りだしは、人間の認識は感性、悟性、理性という主観のはたらきよって高度化される、ということを示している。統覚と構想力は、ある意味で、この高度化を補足するものだ。中心は、感性と悟性というふたつのはたらきとなる。そして、あの「純粋理性のアンチノミー」で徹底的に吟味された理性は、ここで事物の認識をまとめ、自然科学を推し進める新しい意味が与えられる。

わたしたちはまず、カントの認識論の中心である感性と悟性から見てみよう。

2　感性と悟性

人間認識の二本の幹

わたしたちにとって、確実な知識とはどのようなものか。この問いに対して、カントはつぎのように答える。

わたしたちは物自体を知りえない。しかし、だからといって、人間の知識はまったく頼りにならないものではない。自然科学的な事物の認識はわたしたちにとって確実な共通の知識となりうる。カントは、わたしたちの主観のなかに自然科学的な事物の認識を可能にする共通構造を探る。そうすることで、だれにも共通な知識が成立する理由を示そうとするのだ。その記述は、おそろしく複雑なものになっている。しかし、カントが取りだした認識を可能にする枠組みの基本構造はシンプルなものだ。ひとことで言って、それは、感性と悟性というふたつのはたらきによって構成されている。

カントの問いはこうだ。いったい、わたしたちの主観のうちのどのような条件や仕組みが自然科学的な事物の認識を普遍的なものとして成立させているだろうか。

カントはこの問いに、つぎのように答えている。

人間の認識には二本の幹がある。それは、おそらくひとつの共通の、しかし私たちには未知の根から生ずるところのもので、すなわち、感性と悟性である。前者によってわれわれに対象が与えられ、後者によってそれが思考されるのである。

——カント『純粋理性批判』

カントは、ここでこう言いたい。いまわたしたちの主観を反省してみよう。そうすれば、「感性」と「悟性」、このふたつの柱が、あらゆる人間的な認識をつくりあげるもっとも基本的な「能力」だということがわかるだろう。

カントは、感性と悟性が協力して、確実な知識が生まれると考えた。

ここでこのふたつが「未知の根から生ずる」と言われるのは、もうこれ以上認識の根拠はたどれない、という意味だ。わたしたちはすでに、「純粋理性のアンチノミー」のところで、起源や根源の問いは無効である、ということを見た。究極的な認識の起源を推論すれば、その先は物自体＝物語になってしまう。神に与えられた能力、無意識、社会による構成、脳科学、そうした仮説がたくさん立つ。だが、だれにも共通な認識の根拠、〈普遍的なもの〉としては、ぎりぎりのところ、感性と悟性というところに落ちつくだろう、カントはそう考えたのだ。

まずわたしたちはカントの感性と悟性に関する理論を見てみよう。

感性とは、見る、聞く、触れる、といった感覚する能力だと考えればいい。カント研究者として知られる高峯一愚は、これを「感ずるはたらき」とも言っている(『カント講義』)。一方、悟性とは、この感性によって取り入れたものを概念によって考えるはたらきだ(高峯はこれを「考えるはたらき」と呼ぶ)。

感性によって感じられたものが悟性によって考えられる。これがカントの認識論の基本的なかまえだ。この認識のあり方をカントはつぎのように説明している。

私たちが対象によって触発される仕方によって、表象をうる性能(受容性)は、感性と呼ばれる。それゆえ、感性を介して私たちには対象が与えられ、だから感性のみが私たちに直観を提供する。しかし悟性によって対象は思考され、だから悟性から概念が生ずる。

——カント『純粋理性批判』

ここでは認識というものがこう考えられている。まず、対象(物自体としての事物そのもの)がある。しかし、これはほんとうのところ、どういうものかわたしたちには知りえない。だが、とにかくそういうものにわたしたちの主観は触発される。その触発を受けとるのが感性のはたらきだ。感性は表象として(わたしたちの前に、わたしたちの主観にとってのあらわれとして)対象を受けとる。つまり、対象そのものではなく、感性を介した対象のみがわたしたちに与えられる。この感性を介したものの領域は「現象」と呼ばれる。

つまり、わたしたちが知りうるのは「物自体」ではなくて「現象」に限られている。このようにカントは人間の認識を限定したのだ。

さて、カントによれば、感性による認識の段階で、わたしたちに与えられているものは「直観」と呼ばれる。直観は感性の能力がつくりだすものなのだが、これは、つぎのような構成になっている。

ここで言われている「直観」は、「経験的直観」と呼ばれるものだ。経験的直観はそのつどの感覚という内容（素材）と、いつも変わらぬ空間・時間という形式から構成される。この空間・時間という形式自体は「純粋直観」と呼ばれる。

自分の経験を反省してみよう。すると、どんな感覚も空間・時間という条件のもとに与えられている。感覚はひとそれぞれであっても、それが空間・時間のもとにあらわれていることは疑えない。「純粋理性のアンチノミー」で見たように事物そのもののほんとうのあり方（物自体）はわからないとはいえ、このことはだれにも共通なことがらだろう。カントが直観に込めた意味はこういうことだ。

しかし、まだ先がある。こんどは、この経験的直観として与えられた対象が悟性の概念によって思考されるのだ。先に示した引用では悟性から概念が生まれるように書かれているが、よりカントの認識の枠組みにそって言えば、悟性は概念（「純粋悟性概念」）をもっている（これはあとで見るように一二のカテゴリーとして存在している）。ようするに、悟性は、経験的直観という（素材）に自分のもっている概念でもって形式を与え、確実な知識、普遍的な知識を成立させるのだ。
とりあえず、これまでの話を図3で整理しておこう。

感性と悟性が統一するもの

図3のように、感性と悟性のはたらきはかなり複雑な構造として考えられている。だが、感性と悟性というふたつの能力の協力によって認識が構成される、と考えるこの枠組みは、経験論と合理論の方法を統一するためにカントが置いた原理でもある。このことを図3を使って確認すれば、この複雑な認識の仕組みの意味がわかるはずだ。

たとえば、図3の、「感性の認識のレベル」を見てみよう。ここには、感覚的なものと〈普遍的なもの〉との統一が見られる。すでに見たように、経験論は、ヒュームがそうしたように、いかなる普遍的な知識もありえないとしてしまう弱点があった。その理由は、感覚には、つねに、そのつどそれぞれに与えられる、という性格があるからだ。

ところが、カントは感覚があらわれる場面に〈普遍的なもの〉（空間・時間という形式）を入れる。経験論は感覚がそのつどそれぞれに与えられる点にだけ注目した。しかし、どのような感覚も空間・時間という場面にあらわれることは共通している。経験論はこの点を見逃していた。経験的直観というわたしたちに感覚的に与えられるものがすでに〈普遍性〉を含んでいるのだ。カントは、こうしたかたちで、感覚のそのつどそれぞれの部分のみを重視する経験論を批判するのだ。

図3

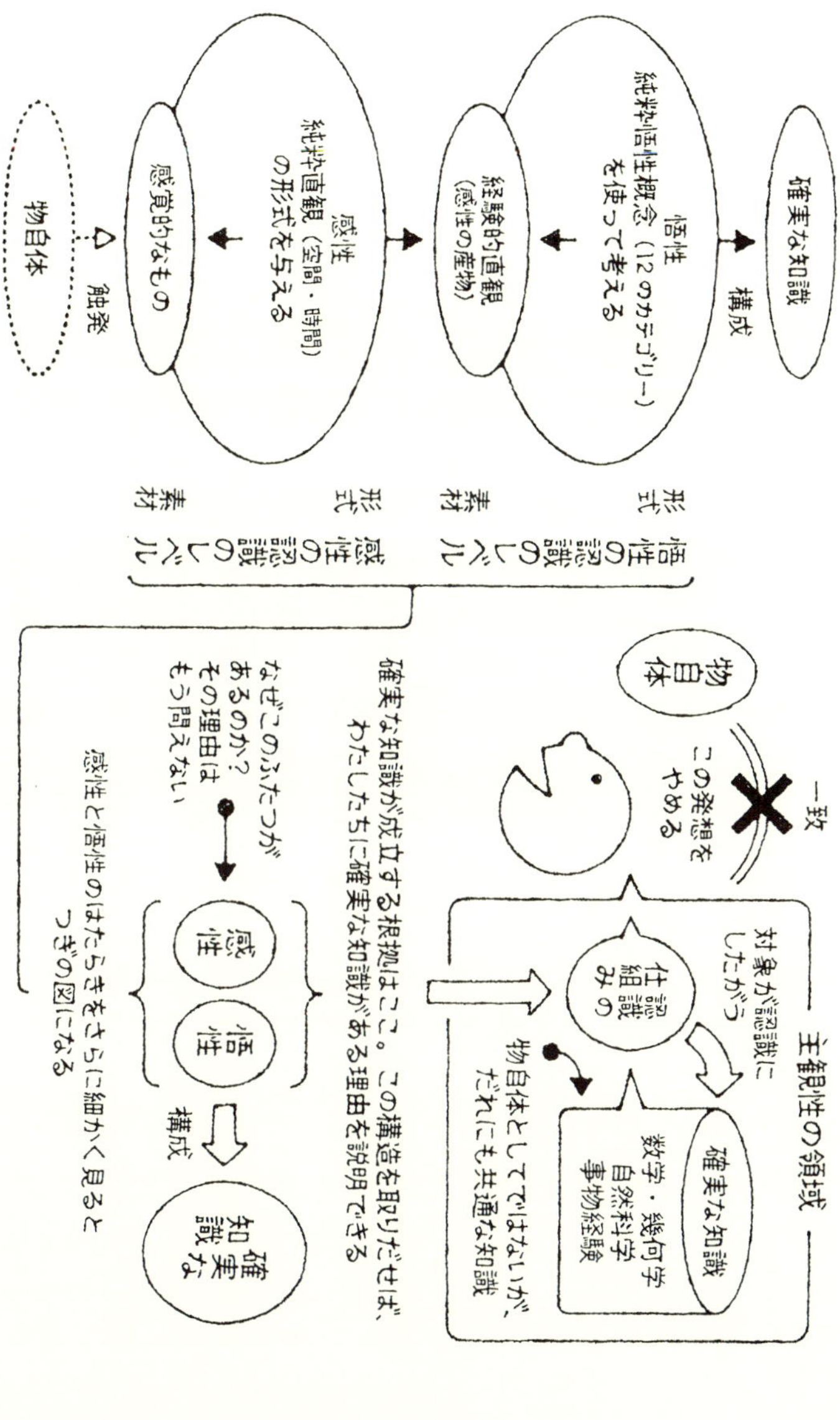

確実な知識
構成
悟性
純粋悟性概念（12のカテゴリー）を使って考える
経験的直観（感性の産物）
感性
純粋直観（空間・時間）の形式を与える
感覚的なもの
触発
物自体
悟性の認識のレベル
形式
素材
感性の認識のレベル
形式
素材
主観性の領域
対象が認識にしたがう
認識の仕組み
確実な知識
数学・幾何学
自然科学
事物経験
物自体としてではないが、だれにも共通な知識
一致
この発想をやめる
物自体
確実な知識が成立する根拠はここ。この構造を取りだせば、わたしたちに確実な知識がある理由を説明できる
なぜこのふたつがあるのか？その理由はもう問えない
感性
悟性
構成
確実な知識
感性と悟性のはたらきをさらに細かく見るとつぎの図になる

空間・時間は概念ではない。だが、感性の認識の場面にそういう〈普遍的なもの〉がある、とすることは、カントによる「経験論の感覚の多様」と「合理論の普遍性」との統一と言うことができるだろう。

さて、こんどは、図3の、「悟性の認識のレベル」を見てみよう。ここには、概念と経験的直観の統一が見られる。これはすでに近代哲学の歴史として細かく見たが、合理論は概念のみで推論を進め、物自体を知ろうとした。だが、カントに言わせれば、これは概念の使い方がまちがっている。概念は〈普遍性〉をもっている。だから、概念は、感覚的に与えられるもの（経験的直観）を秩序づけ、普遍的な知識を成立させるために使用されなければならない。

合理論は感覚や経験への概念の適用という側面に注目しなかった。だから、このカントの「悟性の認識のレベル」は、「経験論の感覚の多様」と「合理論の普遍性」が本格的に統一される場面と考えていいだろう。

普遍的なもの「ア・プリオリ」

カントは、感性の空間・時間という形式（純粋直観）、悟性の純粋悟性概念を「ア・プリオリ」なものと呼ぶ。ア・プリオリという用語は、ほんとうによく使われ、カントの哲学でもっとも重要なキーワードのひとつだと言える。この「ア・プリオリ」とは、もともと「先だつ」という意味の言葉だ。

カントによれば、認識は「経験と共にはじまる」が、「経験から生ずるのではない」。難しい言い方だが、このことの意味は先に見た図3からわかる。経験（感覚的なもの）が与えられなければ、認識ははじまらないが、しかし、認識が生まれるのは、わたしたちが主観のうちに、感性の空間・時間という形式、悟性の概念を先だってもっているからだ、とカントは言いたいのだ。

この先だってもっているもの（純粋直観や純粋悟性概念）が、ア・プリオリなものとされる。だから、ア・プリオリは「経験に由来しない」（経験的なものではない、経験＝認識をかたちづくる普遍的なもの）という意味で、「ア・ポステリオリ」＝「より後で」「経験に由来する」（経験的なもの、そのつどそれぞれのもの）という意味と対置されて使われる。

だから、ア・プリオリを「生まれつきもっている」という意味で「先天的」、ア・ポステリオリを「経験によって獲得された」という意味で「後天的」、と訳すこともある。

しかし、こうとらえると、とてもややこしい。ア・プリオリを「先天的」とすると、カントも、デカルトやライプニッツと同じように生得的なもの（生得観念のようなもの）を認めているのではないか、という疑問が生まれてくる。

だがむしろ、ア・プリオリを認識における〈普遍的なもの〉、ア・ポステリオリを認識における普遍的でないもの（そのつどそれぞれ、ひとそれぞれのもの）、と考えたほうがいい。

とはいえやはり、カントのア・プリオリは、認識における先天的なものとしか言いようがないところがある。カントはア・プリオリなものを、わたしたちのだれにもそなわっている認識装置のようなものだと考えていたのだ。

ここでいま「認識装置」という言葉を使ってみたが、すでに見たように、カントの記述方法はまさに、形式と素材による認識の組み立て装置の説明、というかたちをとっている。

たとえば、少し細かい話になるが、わたしたちは、認識のはじまりを物自体による「触発」と考えるカントの記述方法に、多少の違和感を覚えるかもしれない。けっして知りえない物自体など別に認識の前提にしなくてもいいのではないのか、と。

カントが物自体を認めていたかどうか、という議論はカント解釈の重要な論点なのだが、カントとしては、物自体による触発、ということを最初に置くことで、自分の主観の哲学は、主観の外に事物が存在していることを疑うためにあるのではない、物自体はわからないにもかかわらず、わたしたちは主観の外に事物の存在があることを固く信じている、その理由を確かめるためにあるのだ、という点を強調したかったのかもしれない。

しかし、問題は、カントが物自体を認めていたかどうか、ではない。カントの記述方法自体に問題があるのだ。じっさいこの記述方法は、「超越論的哲学」の難解さの原因のひとつとなっている。

ひとことで言えば、〈ひとそれぞれ〉の主観のなかから〈普遍的なもの〉を取りだすカントのかまえは、いまでもとても有効だが、その記述方法は改められる可能性がある。じっさい、カントの取りだしたア・プリオリなものとは、わたしたちの認識における普遍的なものではあるが、感性・悟性といった先天的な認識装置のはたらき（機能）ではないのだ。

だが、この点は、カントからその先に進んで考えることだ。とりあえず、わたしたちは、カントが取りだした感性と悟性のあり方について、そのそれぞれのはたらきをもう少し見ておこう。

経験の入り口としての空間と時間

カントにとって、感性にあらわれるもの、現象の世界が、わたしたちにとっての確実な知識の成立する場面だった。そこには空間・時間という〈普遍的なもの〉がある。この点をつぎに見ていこう。

［空間］

まず、空間についてのカントの意見をまとめると、つぎのようになる。

① 空間は個々の経験から抽象されたものではない。むしろ、空間は個々の経験を可能にするものだ。

② 空間は個々の外的経験のあらわれる土台となるものである。

③ 空間は唯一のもので、わたしたちがさまざまな空間を考えるのは、その唯一の空間の部分として考えている。

④ 空間は無限性をもつ。

ここでは、空間とは、わたしたちがさまざまな事物を経験するうえでの背景のようなもの、と考えることができる。たとえば、わたしが、この部屋で、このキーボードを打っている経験は、ひとつの宇宙のかなたまで広がるような空間を背景とした経験となる。この空間という無限の背景は、個々の経験、キーボード、部屋、近所の町並み……といった個別的な経験を足して出てくるようなもの（抽象化して出てくるようなもの）ではなく、むしろ、こうした個々の経験につねにすでに前提とされている。わたしたちがなにを経験しようと、その経験はこのひとつの無限に広がる空間を背景としていると言えるだろう。

しかし、厳密に言えば、カントは、この空間をＸＹＺ軸で示されるような三次元空間だと考えている。これは、自然科学の運動がそこで記述されるような数学的・幾何学的空間だと言える。だから、カントは、個々の事物の知覚を抜けば純粋直観としての空間が残る、という言い方をしている。たとえば、このキーボード、この部屋、この近所の町並み……と具体的なものを抜いていけば最後に純粋な空間が残る、というカントの言い方は、理解するのに苦しむものと言える。そのような純粋な空間などあるのか、といった疑問が浮かんでくる。

だが、カントは、個々の座標に打たれた点は除いてもＸＹＺ軸と座標そのものは残る、という数学的・幾何学的なイメージをもとにこうした説明をしているのだ。これは、ニュートンがその物理学的世界説明の土台に置いた「絶対空間」の主観化だとも言える。

ここでカントが言いたかったことはこうだ。わたしたちの主観を反省してみると、数学的・幾何学的な三次元の空間というものがだれにも共通のものとしてあることがわかるだろう。この空間がだれにも共通であるからこそ、自然科学が共通の知識として成り立つはずだ。

空間のほかにもうひとつ、自然科学的認識の基礎をなすようなわたしたちにとって共通のものとして、時間がある。つぎにそれを見てみよう。

［時間］

時間についての考察は、空間についての考察とほぼパラレルになっている。それをまとめると、つぎのようになる。

① 時間は個々の経験から抽象されたものではない。むしろ、時間は個々の経験を可能にするものだ。

② 時間はあらゆる経験のあらわれる土台となるものである。

③ 時間は唯一のもので、わたしたちがさまざまな時間を考えるのは、その唯一の時間の部分として考えている。

④ 時間は無限性をもつ。

ここで言われていることは空間の場合とほとんど同じだが、時間には空間とちがう点もある。たとえば、カントは空間を「外的経験」の土台としているのに対して、時間を「あらゆる経験」の土台としている。この点について少し考えてみよう。

カントが「あらゆる経験」と言うとき、それは、外的経験と内的経験の両方を意味する。外的経験とは事物の経験を意味する。内的経験はわたしたちの心の状態の経験を意味する。カントは、空間は事物の経験のみの土台だが、時間は事物と心、両方の経験の土台だというのだ。

さて、カントは、時間はまずもって心の状態を規定する原理だと言う。カントによれば、時間とは「継起」であり、さまざまな心の状態があらわれる土台となるようなものだ。

たとえば、わたしのさまざまな感情のあらわれは、わたしの心の流れというひとつの流れのなかであらわれることがわかる。怒ったことも、悲しんだことも、嬉しかったことも、わたしの経験というひとつの流れのなかの出来事としてある。カントが言いたい時間とは、こうしたさまざまな心のあらわれの土台となるようなひとつの継起や流れのことで、この流れを経験が可能となる形式として取りだしている。

心の経験を成立させる原理であるこの時間という原理が外的対象の把握にも適用されて事物の認識も生まれる、そういう意味で時間はあらゆる経験の土台だ、というのがカントの説明なのだが、その論理は複雑でとてもわかりにくい。

だがここで、心の原理としての時間が根本的なもので、それが事物の経験を可能にしている、とカントが考えている点は重要だ。カント自身はこの考え方を充分に展開しなかったが、わたしたちはあとで、ハイデガーがこれを「気遣い」という観点からやりなおしたことを見てみよう。

カントの時間論は複雑で、そこに深入りすることはここではできない。さしあたっては、事物の経験における時間の意味については、つぎのことを考えるといいだろう。

道を歩いているとき、向こうからクルマが走ってくるのを見る。この経験の仕組みを説明しようとすれば、空間だけでなく時間という枠組みが必要になる。

たとえば、すぐれた哲学解説書をいくつも残した思想家の小阪修平は、カントにとって、空間とは、一コマ一コマの映画のフィルムのようなもので、時間はそのフィルムを回し、流れをつくりだすはたらきだ、と言う（『イラスト西洋哲学史』）。現実のなめらかな経験をつくりだすためには、フィルムは回されなくてはならない。もしこうした時間という流れがわたしたちのうちになければ、運動や変化の認識ということがわたしたちにはなくなってしまうだろう。だからカントは、時間は心だけの原理ではなく、外的な事物の認識の原理でもあると考えたのだ。

ところで、カントは、時間は「線」として一次元であらわされる流れのようなものだとも言う。ちょうど空間が座標軸で測れる自然科学的なものだったように、時間も速度を測る軸 t のように計測可能な自然科学的時間としてカントは考えていたのだ。

悟性論――一二のカテゴリー

感覚的なものが内容（素材）となり、それに空間・時間という純粋直観によって形式が与えられ、経験的直観が生まれる。わたしたちは、先に示したカントの認識の図式で言えば「感性の認識のレベル」までをたどってきたことになる。

そこで、これから見るのは「悟性の認識のレベル」だ。悟性では、「感性の認識のレベル」でつくられた経験的直観が内容（素材）となって、そこに新しい形式が与えられる。カントが取りだそうとするのは、この悟性が与える形式だ。それは「純粋悟性概念」と言われる。

カントの説明は複雑だが、こう考えればいい。感性のレベルでたんに感覚されたものが、こんど悟性のレベルで概念（言葉）を使って考えられる。カントはこうしたイメージのもとに認識を考えている。

カントは純粋悟性概念を「カテゴリー」と呼び、それを一二個示した。カテゴリーとは、ようするに、わたしたちに共通であると思われる基本的な思考（概念・言葉）の枠組みと考えればいい。

1　量のカテゴリー

単一性
数多性
全体性

2　質のカテゴリー
実在性
否定性
制限性

3　関係のカテゴリー
実体性と属性（実体と偶有）
原因性と依存性（原因と結果）
相互性（はたらきかけるものとはたらきかけられるものの交互の作用）

4　様相のカテゴリー
可能性－不可能性
存在－非存在
必然性－偶然性

この一二のカテゴリーで、カントが考えていたのはつぎのことだろう。

経験は言葉のかたちで言いあらわされる（カントによればこれが「判断」ということになる）。わたしたちがそれを言いあらわしている以上、なにか共通の概念（言葉）の枠組みのようなものがだれにもあるはずだ。これがカテゴリーになる。

カテゴリーは、大きく分けて四つ、細かく分けて一二の構成となっている。なぜこの一二個しかないのかは議論のあるところだ。

だが、さしあたって、「量」と「質」のカテゴリーは事物の量や性質の把握（どれくらいの量か、どんな性質をもっているか）にかかわる概念の系列、「関係」のカテゴリーは、事物の因果関係や運動にかかわる概念の系列と考えればいいだろう。

「様相」のカテゴリーは、少しほかの系列とは異なり、ある事物の因果関係や運動がとらえられた際に、そうしたものが可能か不可能か（可能性－不可能性）、現実的かそうでないか（存在－非存在）、必然的なものか偶然的なものか（必然性－偶然性）を考えるようなカテゴリーだ。

ようするに、「量」「質」「関係」のカテゴリーは事物の把握にかかわるが、「様相」のカテゴリーは、そうした事物の把握がどれだけ適切か（いかに存在するか）を考えるような概念を意味する。

一二のカテゴリーそのそれぞれについて、カントは細かい説明を与えている。わたしたちはその細かい議論にここで入り込むことはできない。カテゴリーを理解するうえでわたしたちにとって大切なのは、カントがつぎのように認識をイメージしていた点だ。

空間と時間のもとにあらわれた事物は、数や性質として把握され（量と質のカテゴリー）、そのあと物体という把握が生まれ、ほかの物体との因果関係が考えられ、事物の運動という把握も生まれる（関係のカテゴリー）。そして、そうした運動が、可能かどうか、現実的かどうか、必然的かどうかが判断される（様相のカテゴリー）。

このように考えると、空間・時間だけでなく、カテゴリーに関しても、カントは自然科学の認識を問題にしていることがわかる。細かい点は検討できないが、自然科学の基礎には、数的な把握、度や単位という質の数学化、物体性、因果関係があると言える。カントのカテゴリーはこうした自然科学的な事物把握の共通概念の取りだしとしては非常に常識的で妥当なものだと言うことができるだろう。

超越論的哲学の狙い

わたしたちは、ここまで、カントがどのように感性と悟性を考えているかを見てきた。これはカントの「超越論的哲学」、つまり主観のなかに〈普遍的なもの〉を探る努力だった。

空間と時間、一二のカテゴリーは〈普遍的なもの〉だ。これがだれにもそなわっているからこそ、わたしたちは事物の存在を信じて疑わない。また、これがあるからこそ、自然科学がだれにも共通の知識として成立している。これがカントの言いたかったことなのだ。

ヒュームの言う主観のなかには、自分だけの知を超えて他者と「共有できる」「同じ」「共通の」もの、〈普遍的なもの〉へとつながる原理はなく、そこにはそのつどの感覚と習慣だけがあった。

カントはこの〈普遍的なもの〉として、空間と時間、そして、一二のカテゴリーを取りだした。たとえば、因果性というのはこの世界そのものの秩序のことでない、という点ではカントはヒュームと意見を共有する。しかし、ヒュームは因果性をそのつどそれぞれの習慣に還元してしまった。これに対して、カントは、因果性は習慣ではなく、だれもが共通にもっているものとして考える。因果性をめぐるヒュームとカントのちがいをめぐる議論は多い。しかし、カントがヒュームより一歩先に進んでいるところはつぎの点にある。

なにが原因か、と議論することがある。なにが原因かという推論で出てくる答えには、さまざまなものがありうる。あるいは、ヒュームのように、原因と結果は別ものだ、と言うことも、その別ものをつなげるのは習慣だ、と言うこともできる。ところが、こうやってわたしたちが因果性をめぐって議論できるのは、そもそも、わたしたちのうちに「原因・結果を考える」という共通の思考の枠組みがあるからなのだ。カントがカテゴリーのなかに因果性を置いた意義はこうした点にある。

おそらく、空間・時間と一二のカテゴリーのすべてにこれと同じことが言える。原理的にはわたしたちは主観の場所でしか、ものを考えることができない。それに、わたしたちのうちの〈普遍的なもの〉と思われるものは、絶対的な真理や物自体を写すものであるかどうかはわからない。にもかかわらず、わたしたちのうちには、他者と「共有できる」「同じ」「共通の」ものだと確信できるものが確かにある。

ようするにこうだ。カントの「超越論的哲学」の試み、主観のなかから〈普遍性〉を取りだす試みは、けっして絶対的真理をめざす試みではない。それは、どれだけ多くの他者と共有できる言葉を自分のなかから取りだすことができるか、という努力だと言える。カントは『純粋理性批判』ではそれを自然科学が成立するための〈普遍的なもの〉とはなにか、という方向で探っていったと考えればいいだろう。

カントの「超越論的哲学」の試みはさらに続く。じっさいにはカントが「超越論的哲学」と言う場合、それは『純粋理性批判』での自然科学の成立の条件を主観のなかに探る試みを指す。しかし主観のなかから〈普遍性〉を取りだす努力は、自然科学（『純粋理性批判』）から、善（『実践理性批判』）と美（『判断力批判』）といったテーマにまで一貫して続けられる。これは、善や美についても、他者と共有できる言葉を探す試みだ。

だが、さしあたって、わたしたちは、『純粋理性批判』での認識の議論をもう少しだけ見ておこう。それは、わたしたちがこれから「カントから哲学する」うえで重要になってくる部分だ。ここには、カントの感性と悟性の認識論がはらむ問題も出てくる。その点をきちんと確認しておこう。

3　統覚と構想力、理性

まとめる統覚とつなげる構想力

カントの主観のなかから〈普遍的なもの〉を探る試みは複雑な道をたどっていくことになる。だが、わたしたちは統覚と構想力からそれを簡潔に見てみよう。

認識についてのカントの基本的な説明はこうだった。わたしたちには、感性（感性的直観という素材）と悟性（カテゴリーという形式）という自然科学的な事物の認識を可能にする仕組みがある。このふたつの仕組みが力を合わせて認識が成立する。

だが、それだけではない。この感性と悟性に加えて、「統覚《とうかく》（Apperzeption）」と「構想力（Einbildungskraft）」という原理も登場する。

「統覚」は、「超越論的統覚」「根源的統覚」「純粋統覚」などと呼ばれるはたらきだ。このはたらきは「わたしは考える」とも言われるが、事物経験をつくりあげる最高の原理として置かれる。ここで「わたしは考える」と言われるように、統覚は、「わたし」という主語のもとにすべての事物経験をまとめあげるはたらきをする。カントがここで「考える」と言っているように、統覚は「悟性のはたらきそのもの」とされる。

統覚については、つぎのように考えればいい。わたしたちは、たんに空間・時間のもとにあらわれる事物を知覚したり、自然科学的な概念でそれをまとめあげているだけではない。わたしたちの経験は「わたし」という中心をもっている。すべての経験は「わたし」のもとにまとめられている。このまとめるはたらきをするのが統覚だ。

では、構想力とはなにか。

カントは悟性と感性をまったく別の原理だと考えた。構想力はこのふたつをつなげる役割をもつ。

そこで、構想力は、悟性と感性の性格を合わせもち、カテゴリー（悟性的な原理）を時間（感性的な原理）のうちで展開するはたらきとされる。カントはこのはたらきを「図式」とも呼ぶが、そのはたらきのひとつをここで見てみよう。

たとえば、構想力によって質のカテゴリーが時間において展開されることをカントは「時間内容」と呼ぶ。このことの意味はつぎのようなことだ。構想力は質のカテゴリーを時間において展開する。そうすることによって、わたしたちは事物を性質として、しかも、さっきは熱かったがいまは冷たくなった、といったかたちで時間のなかでの性質の変化として把握することができる。

こうしたかたちでカントは構想力を置き、自然科学的な認識を成立させる悟性と感性という二つの原理の統一をはかろうとしたのだ。

構想力の役割は、悟性と感性というふたつの別々の認識の仕組みをつなぐ、というところにある。あえて言えば、この役割は、離れたふたつの歯車をつなぐもうひとつの歯車、くっつきにくい革とゴムをつなげる接着剤、と言うべきものだ。

わたしたちは、いままでたどってきたカントの記述のすべてをつぎのようにまとめてみよう。まず、感性を通じて（空間・時間の形式のもとに）、多様な経験的直観が与えられる。統覚（悟性）は「わたし」のもとにその多様性に規則を与えて秩序づけようとする。そのとき活躍するのが構想力だ。構想力はカテゴリーを時間のなかで展開して、多様な直観を秩序づける。ここに感性と悟性との統一が成立する。ところで、統覚にしろ構想力にしろ、感性にしろ悟性にしろ、これらは主観のなかの仕組みだといえる。そして、この仕組みが認識を構成すると考えるのがカントの認識論だ。

だが、ほんとうのところを言うと、このはたらきは、わたしたちが自分自身を反省的に見つめてみてもけっして見つからない。わたしたちの経験が、空間性や時間性をもっていること、一定の概念（言葉）でもってまとめられていること、経験が「わたし」という中心をもつことは、わたしたちが自分の経験を反省することによって〈普遍的なもの〉であることを確認できる。だが、そのような〈普遍的なもの〉をそれぞれ担当する装置のようなものをわたしたちは、自分のうちにけっして見いだせない。この問題をどう考えたらいいだろうか。わたしたちはこの点について、現象学の創始者フッサールの「本質」という概念をもとにあとで考えてみたい。

「理性には役割がある」

わたしたちはこれで、カントの批判哲学の最重要部分である『純粋理性批判』を終えることになる。この第一批判書の意義は、「純粋理性のアンチノミー」と「超越論的哲学」というふたつの哲学の方法を示した点にある、ということにつきるだろう。

「純粋理性のアンチノミー」は、世界全体、起源や根源の問いに人間は究極の答えを出すことはけっしてできない、という点を徹底的に証明するものだった。これは、正命題的に、究極の答えはこれだ、と主張する立場はもちろん、反対命題的に究極の答えはない、とする立場も無効とするものので、わたしたちの考える営みに対する根本的な批判となっている。この方法は現代でも大きな意味をもっている。

さて、考える力が徹底的に吟味されたあと、カントが進んでいった方向は、「超越論的哲学」という主観の哲学だった。これは、〈ひとそれぞれ〉の主観のなかから〈普遍的なもの〉を取りだす方法だといえる。この試みの目的は、自然科学によって把握されるような事物経験を確かなものとして位置づける、という点にあった。そこで取りだされた〈普遍的なもの〉、感性と悟性、空間・時間と一二のカテゴリーは、自然科学の知識がけっして〈ひとそれぞれ〉のものではなく、だれにも共通のものとして信じるに足るものだ、ということを示す試みだったと言える。

ところで、すでに述べたとおり、わたしたちがたどった道のりは、「純粋理性のアンチノミー」から「超越論的哲学」へ、というものだった。だが、じっさいの『純粋理性批判』の記述はその逆で、「超越論的哲学」から「純粋理性批判」へ、となっている。

『純粋理性批判』の記述にしたがえば、人間の認識能力は、感性と悟性から理性に進む。だが、理性の推論の能力は、物自体を知ろうとして、さまざまな問題を生みだす。これはすでに「純粋理性のアンチノミー」で説明したとおりだ。

とはいえ、その話には続きがある。カントは、理性の理念は物自体に属する、それはとうてい人間の認識の対象ではないが、それでも、自然科学の認識にはある役割をもっている、と言うのだ。

究極のものを求める理性には、正命題は小さすぎ、反対命題は大きすぎる。ある意味で、理性の進退はここで窮《きわ》まってしまったと言える。このままでは、理性はまったく無意味な能力にすぎないのか、という疑問が残る。

だが、理性にはきちんとした役割がある、とカントは言う。これが、理性の「統制的原理」だ。統制的原理は理性の「構成的原理」と区別するために使われる用語だ。構成的原理は、すでにアンチノミーで見たように、究極的なものを認識できるものとして構成してしまう原理を意味する。これが誤りであることはすでに見た。

一方、統制的原理は、ある意味で、正命題と反対命題を統一するようなはたらきをもつ。まず、統制的原理としての理性が立てる理念（世界の限界、世界の最小単位）は、正命題が考えたような認識の対象ではない。だが、理念はわたしたちの認識を推し進めるような役割をもつ。

ここでカントは、「あたかも〜のように」という表現を使う。これは、認識の対象ではないけれど、あたかも世界の限界や最小単位といった理念があるように考えることだ。そして、そう考えることで、わたしたちの推論の意味も変わってくる。

わたしたちの推論は、原因へ原因へ、理由へ理由へと根拠をたどるように進む。反対命題はこの推論は無限に進むとした。だが、理性の統制的原理のもとでは、この推論は無限ではない。まず、あたかも世界の限界や最小単位といった理念があるように考える。それを見つけるために、根拠をたどる推論は進む。カントはこの推論の進み方を「不定の背進」と呼ぶ。不定とは、簡単に言えば、できるかぎり、という意味だ。

ようするにこうなる。理念をあたかも認識できるように考える正命題もまちがっているし、根拠を無限にたどれると考える反対命題もまちがっている。世界の限界や最小単位といった理念は、わたしたちの認識を進めるような役割があるだけで、根拠をたどる背進もそうした理念に則してそのつど（不定に）進んでいくようなものと考えればいい。これがカントによるアンチノミーの解決だ。

カントのこうした態度は、自然科学の学問的態度の基礎づけだと言える。世界の限界や最小単位といったものは、絶対的に認識できるというわけではない。だが、自然科学はそうしたものを理念としてめざす。そうしたものをそのつど確定するために、根拠をたどる推論は進む。この推論は無限に進むわけではなく、そのつど納得できる場面で止まる（おそらく、この納得の場面で重要となるのが、実験と観察、つまり、カントの枠組みで言えば、感性に与えられるものとなるだろう）。

世界について問い、世界を知るということは、世界全体を完全に知ることをめざすのでもなく、世界全体をまったく知りえないものとして描くのでもない。世界について問い、知るということは、あたかも世界全体（世界の限界、世界の最小単位）があるように考え、根拠の系列をできるだけたどり、わたしたちの知識をそのつど豊かにしていく、という以上の意味はない。こうしたことをカントのアンチノミーの解決は教えている。

もっとも、ここでカントは自然科学的な知識をいちばん底で支えているものはなにか、をはっきりとは書いていない。だが、これは、『判断力批判』で書かれているのだが、自然科学的な知識は、「技術的＝実践的原理」をもとにしていると言われる。だから、自然科学の知識を支えているものは、わたしたちが事物を技術的に利用する実践だということになる。

そうすると、こう言うことができるだろう。自然科学は、世界の限界や最小単位といった理性の理念をめざし、そうしたものをそのつど確定するために、根拠をたどり、それを実験や観察で確かめる。しかし、そのいちばんの土台には、技術的＝実践的な観点がある、と。

このようにたどってみると、カントの自然科学に対する考え方は、バランスのとれたものであるように見える。だが、このけっして到達できない目的としての理念、という考え方は、これから見るカントの道徳論で独特の意味をもつことになる。

第四章

善と美の根拠を探る

『実践理性批判』と『判断力批判』

1 『実践理性批判』――〈普遍的なもの〉としての道徳

善とはなにか。これが『実践理性批判』の中心テーマだ。

『純粋理性批判』は、不死の魂は存在するかどうか、世界の果てはあるのかないのか、物質は無限に分割可能かどうか、神は存在するかどうか、といった哲学の問いをすべて終わりにした。このような問いに、そもそも人間の理性は答えを出せない。それに答えようとする試みは不毛である、と。

だが、だからこそ、哲学には考えるべきもっと大事な問題があることがはっきりする、とカントは考えた。それが、善とはなにか、という問題なのだ。

道徳法則という善の原理

こうして『実践理性批判』では、理性の意味あいも異なってくる。『純粋理性批判』では、理性は、世界とはなにか、と問い考える力（理論理性）だった。一方、『実践理性批判』では、理性は、善く生きることを考える力だ（実践理性）。ここでの理性は、世界を認識する原理ではなく、ほんとうに善いこととはどういうことかを自分自身で考え、その善いことに自分の意志を向けて行為しようとするわたしたちの道徳的な生き方の原理を意味する。

『実践理性批判』は近代の倫理思想のひとつの頂点としてたいへんよく知られた著作だが、その議論にはなかなか複雑なものがある。しかし、わたしたちは、カントの主観の哲学が、主観のなかから〈普遍的なもの〉を取りだす方法であることを見てきた。『実践理性批判』は、その方法の倫理学的展開だと考えればいい。

そう考えると、『実践理性批判』の核心部分はそれほどとらえにくいものではない。その核心部分とは、カントが取りだした〈普遍的なもの〉としての善の原理、道徳法則だ。善とはなにかを考え、だれでも自分の主観を反省してみれば、ただひとつ、つぎの原理が「根本命題」「理性の事実」として、数学や幾何学、論理学のような〈普遍性〉をもったものとしてあることがわかるだろう、とカントは言う。

君の意志の格律が、いつでも同時に普遍的立法の原理として妥当するように行為せよ。

——カント『実践理性批判』

ここでの「普遍的立法」とは、この世の中の争いをなくし、世界に全体的な調和をもたらすような行為の基準を意味すると考えればいいだろう。たとえば、嘘をつかない、困っているひとがいれば手を差し伸べる、といったことがそれだ。

「格律」とは、自分なりの行為の基準のことだが、たとえば、わたしたちは、自分にとって都合のいい行為のルールをつくりだすこともできる。自分の利益を守るために取引相手をだましてもいい、とすることもできるし、自分の出世のためになら困っている同僚を見捨ててもいい、とすることもできる。

だから、カントはつぎのように考える。このような都合のいい格律は争いのもとであり、世界の調和を乱す。わたしたちの格律はいつでも普遍的立法と合致するようにしなくてはならない、と。

善い・悪いの基準は〈ひとそれぞれ〉と言うひとがいるかもしれないが、そんなことはない。自分の格律を普遍的立法と合致させることが善いことの基準であることは、わたしたち一人ひとりが善いこととはなにか、とじっくり考えれば、かならずだれでもわかるはずだ、とカントは考えたのだ。

だから、カントがここで取りだした道徳法則はわたしたち一人ひとりのうちにある良心のかたちと言ってもいいだろう。

さて、もし、すべてのひとが道徳法則にしたがうことができたら、そこでは、他人を騙さず、利用しない、困っているひとがいれば助けるような社会が実現する。それは、お互いを人格として認め合うような自由な世界だ、とカントは考える。これは「目的の国」とも言われる。

だから、カントはとても高い理想をもっている。カントはある意味で完全なものをめざすのだ。カントの道徳論の特徴はこの完全性にある、ともいえる。この特徴は、カントが道徳をどのように考えたか、にもよく見ることができるし、あとで見る「最高善」という理想にもあらわれている。

とはいえわたしたちはまず、カントが道徳をどのように考えたかを見てみよう。

カントにとっての道徳

わたしの格律をつねに普遍的立法に合致させるように行為せよ、というカントの言い方は、わたしたちにとってわかりやすい面もある。嘘をつかない、困っているひとがいれば手を差し伸べる、といったことは、常識的な善い行為の基準だからだ。だから、つねにそのような善い行動はできなくても、そうした行為が善いことであることはわかる。

だが、カントにとっての道徳はかなり厳格な性格をもつ。それは、格律は「つねに」普遍的法則に一致し「なければならない」という道徳法則の言葉じたいのもつ厳しさだけでなく、わたしたちに、あらゆる自己中心性（自愛、自分自身がかわいい、自分の欲求、快・不快、幸福になりたい）を克服せよ、と求めるような厳格さだといえる。

善いことをすることは、自分のことをがまんして、他者のために尽くすことだと言える。だから、自己中心性を克服することが重要だということはわかる。しかし、自己中心性を乗り越え他者のために尽くすことが、さらに新しい自分の喜びになることもある。善いことをするのがうれしい、というのがそれだ。だが、カントは、こうした喜びのために善いことをすることは道徳的とは言えない、と言うのだ。

たとえば、カントは、道徳法則は「定言命法」だと言う。定言命法は、欲求や期待ぬきに純粋に意志を規定する「べし」を意味する。これは、なにかを欲求したり、期待しての「べし」である

「仮言命法」とは区別される。仮言命法とは、つぎのような場合だ。

善いひと・誠実なひとと評価されることはうれしい。だから、「嘘をついてはいけない」という普遍的立法を守る。これが仮言命法として、わたしの意志を道徳法則にしたがわせている場合だ。

だが、このような仮言命法的な意志は道徳的ではない、とカントは言う。ここには、評価されることはうれしい、という自己中心的な動機が含まれているからだ。カントにとって、道徳とは、評価されたいから、善いことをするのはうれしいから、といった動機にまったくかかわりなく、純粋に自分の意志を道徳法則にしたがわせる「べし」、という定言命法のかたちをとるのだ。

同じように、欲求、快・不快、幸福（カントに言わせれば感性・感覚的なもの、経験の原理）も道徳の原理として斥けられる。これらは自己中心的な原理であって道徳の原理とはなりえない、とするのだ。こうなると、自己の動機、喜びや快や幸福を求める気持ちとはまったくかかわりなく、ほんとうに純粋に道徳的ルールを守る人間像が浮かび上がってくる。

あえて言えば、カントの道徳的な人間とは、うれしいとも、あるいは、悲しいとさえ感じず、ひたすら善いことを意志する人間だと言える。また、この人間は、むこうから逆走してくる車があるのに左側通行を守りつづけるドライバーのようだとも言える。自分の命（自己中心性）を顧みず、ひたすらルールを守るところにこの人間の特徴はある。

このように見てくると、善いことを意志する、動機のようなものはいっさい認めることはできない、とカントは言っているようにも思える。だが、カントは、道徳法則への尊敬の感情のみがその動機となる、と言う。わたしたちのうちには、それを守れば世界の調和につながるような道徳法則がある。この崇高と言ってもいいくらいの原理への尊敬が人間に道徳的な行為を意志しようとさせるのだ、と。

とはいえ、カントの道徳論は、わたしたちのあらゆる自己中心性の克服をめざすような厳格なところがある。おそらく、カントの直感はこうだ。善の本質は人間が自分の自己中心性を乗り越えることにある。問題は、そのような善の原理がわたしたちのうちにあるかどうか、ということになる。カントはそれを、わたしたちのうちの自己中心的な原理（欲求、快・不快、幸福）をどんどんはずしていって、最終的に残った、ある純粋な論理的な形式、道徳法則に求めるのだ。

だが、わたしたちがあらゆる自己中心性を克服できる可能性はあるのだろうか。カントはその原理を自由に求める。

自由をめぐるアンチノミー

カントにとって人間の自由はたいへん重要なテーマだった。これは、「純粋理性のアンチノミー」の「第三アンチノミー」でも問題にされていたことだった。わたしたちはここで、そのアンチノミーを見ておこう。

正命題　自然法則の原因性は、世界の現象がそれにしたがう唯一の原因性ではない。世界の現象を説明するためには、その他に自由による原因性も想定することが必要である。いかなる自由というものも存在しない。世界におけるすべては自然法則によってのみ起こる。

反対命題

カントはこのアンチノミーに対しては、第一アンチノミーと第二アンチノミーとは異なった解決を与えている。第一アンチノミー、第二アンチノミーはどちらとも「偽」の対立とされたが、第三アンチノミーはどちらとも「真」でありうる対立だというのだ。

カントによれば、原因性には「自然にしたがう原因性」と「自由からの原因性」のふたつがある。自然にしたがう原因性とは、すでに詳しく見たように、原因から原因へ、理由から理由へと根拠を背進的にたどることによって、求められる原因性だ。一方、自由からの原因性とは「ある状態をみずからはじめる能力」とされる。

ようするに、正命題は自由を「ある」と認め、反対命題は自由を「ない」と認めない。カントはこの問題に対して独自の解決の方法を与える。それは、正命題は物自体の世界の原理として正しく、反対命題は現象の世界の原理として正しい、という独自のものだ。この理屈にはなかなか複雑なものがあるが、簡潔に説明すればつぎのようになる。

まず、『純粋理性批判』のところで見たように、現象の世界を探求する自然科学は、原因から原因へ、と不定に推論を進めることによってその知識を豊かにしなくてはならない。この推論がなければ、学問は進歩しない。だから、自然の探求には、なにかある絶対的原因として自由からの原因性を置くことはできない。この点では反対命題は真だといえる。

ところが、自然科学はそれでいいとしても、もし、この見方だけを正しいとすれば、「自由は救われない」とカントは言う。もし、人間の自由ということがなければ、行為の主体としての人間はありえず、行為の責任ということが不可能になってしまう。たとえば、あるひとが犯罪を行ったとしても、それはそのひと自身が原因として引き起こしたこととは言えなくなってしまうだろう。犯罪の理由を原因から原因へと推論を進めれば、そのひと自身に責任を負わせることはできなくなるはずだ。

だから、カントは、自由からの原因性は理念として置かれなくてはならない、と考える。そうした原因性は、けっして認識されるものではないけれども、「超越論的自由」として想定されなくてはならない、正命題は物自体の原理として正しいとしよう、と言うのだ。

だが、人間にとって自由とはなにか、という問いはこの第三アンチノミーの場面ではまだはっきりと答えられてはいない。カントは、この問いに答えるためには、もうひとつ補助線が必要だと考えた。それが、先ほど見た『実践理性批判』での道徳法則なのだ。

道徳と自由

『実践理性批判』では、自由と道徳法則はひとつのコインの裏表のような関係にある。カントはまず、自由を「消極的意味における自由」と「積極的意味における自由」にわけている。そこから『実践理性批判』の自由論を見てみよう。

消極的意味における自由とはこういうことだ。人間だけが動物とちがって、自分の自然な欲求を我慢しそれにしたがわない能力をもっている。カントはここに人間が自己中心性を乗り越える原理があると考えた。

こうした自由があることは、自己中心性を克服することを命じる道徳法則にわたしたちがしたがうことができる可能を示している。だが、自由はただ自然な欲求に逆らう原理ではない。自由は、善いことを意志し、積極的に道徳法則を引き受けることで自分自身を表現する原理でもある。この積極的な意味における自由についてカントはつぎのように言っている。

道徳的法則が表現するのは、純粋実践理性の自律すなわち自由にほかならない

——カント『実践理性批判』

わたしたちには、自ら進んで、自分自身に対して立法し（道徳法則にしたがおうと意志し）、行為することができる。これは人間が真に独立した自由な存在であることを表現することだ、とカントは考えた。

ここで言われている「自律」とは、人間が自分自身に対して主人となることを意味する。カント

のなかには、自然な欲求や快・不快にしたがうことは受動性だという考えがある。この受動性のままでは、人間はある意味で自然の秩序に支配されている。その支配を脱して、もっとも人間的な秩序である道徳法則を自分自身に与えて行為すること、これは、人間が自律的で自由な存在であることを表現することでもある。

たとえば、カントは、暴君に「偽の証言をしなければ命を奪う」と迫られても、けっして偽証しないようなひとを道徳的な人間として考えている。このひとは、たとえ暴君の支配の下にあっても、自分が自分の主人だ、自分のうちにはけっしてだれにも侵されない自由がある、ということを道徳的な行為として積極的に表現しているのだ。

欲求や快・不快にしたがわない自由、道徳法則をすすんで引き受ける自由、こうしたカントの言う自由は、いまではほとんど受け入れられず、むしろ、自由の反対としてさえ受け止められるかもしれない。

だが、カントのこの自由論は道徳論とあいまって、つぎのような力強い人間像を打ち立てた。自由な人間はどんな権力にも屈しない。彼は自分の内的な良心のみにしたがって道徳的行為を行う。そうすることで彼は自分が真に自律的で自由な存在であることを他者に向かって積極的に表現することができる。

さて、この自由な人間は何を目指すのか。それは道徳の完成という高い理想だ。カントはこの究極目標を最高善と呼ぶ。わたしたちはこの点について見てみよう。

道徳と幸福

道徳的な人間が幸福になれること。これが道徳的に生きる人間の最高の理想だ。カントはそれを「最高善」と呼ぶ。カントによれば、人間が純粋に道徳法則に一致できたとすれば、それは「最上善」だ。しかし、そのひとが幸福を得られるのであれば、最高善となる。

最高善は可能かどうか、徳（道徳的によい行いをすること）が幸福と一致することは（徳福一致）可能かどうか。カントはこれをつぎのようなアンチノミーのかたちで示す。

第一命題

幸福を得ようとする欲望が徳の格律に向かわしめる動因でなくてはならない。

第二命題

徳の格律が幸福の作用原因でなければならない。

ここでカントは、原因・結果のかたちを使って問題を整理している。第一命題は、幸福が原因となって徳が結果する、第二命題は、徳が原因で幸福が結果する、というかたちになっている。

だが、これは正確に言うと、「ある（正命題）」「ない（反対命題）」のかたちで示される『純粋理性批判』で見たようなアンチノミーではない。カントはここで、最高善は「ある」「ない」というアンチノミーを提出しているのではなく、幸福から徳が生まれるのか、徳から幸福が生まれるのか、というふたつの問いをなげかけている。

カントはこのふたつの問いに対して、第一命題は「絶対に不可能」、反対命題は「不可能」と答える。その理由はつぎのとおりだ。

第一命題のように、幸福の追求が徳を生むことはない。というのも、幸福は主観的な快の追求であって、人びとがそれを追求すれば、世の中はまったくの自己中心的な世界になってしまうだろう。そうはいっても、第二命題のように、徳の追求が幸福につながる、つまり、道徳的によく生きることが幸せになって報われるということもありそうにない。というのも、この世間の摂理の基本は自己中心的なものだからだ。まれにしかいない善いひとがいくらこの世間で徳をつんだとしても、そのひとが祝福されたり、幸せになれるとはとても考えられない。

ここで、第一命題が誤りとされていることは、すでに見た道徳法則から明らかだろう。カントにとって、幸福は、欲求や快・不快と同じく、自己中心的な原理で、道徳の原理とはなりえない。しかし、道徳的に善いひとが幸せになる可能性である第二命題さえも難しいとする点にはなかなか厳しいものがある。最高善が不可能となってしまうのだから、これはたいへんなことだ。

なぜ第二命題が「不可能」とされるのか。ここには、カントの現実に対する感受性のようなものを見ることができる。じつは、カントには、現実の世界が悪い意味でエゴイズムと言われるような欲望の論理で動いている、という感覚が非常に強い。だから、カントは、第二命題のような徳と幸福との必然的な連関（最高善の実現の可能性）は「不可能」だと結論する。善いひとがこの現実の世界で報われる可能性などない、と言っていい。

ただ、この「不可能」ということには含みがある。この現実の世界には第二命題のような徳福一致は見出せないように思える、とカントは言うのだ。

ようするに、カントは徳福一致をあの世に求めるのだ。カントは、目標は「高遠なところ」にある、と言う。結局、道徳的な行為によって幸福が得られることをこの世界に求めるべきではない、と考えるのだ。

カントのこの結論は、人間の生き方を道徳、しかも、完全な善いひととなるよう命令する道徳法則にしたがうことに置いた当然の帰結かもしれない。もともと、要求が完全であるために、この現実のなかでは、最上善さえ不可能だろう。この高い要求から見れば、この現実の世界もまったく不完全な世界に見えてくる。だから、最高善の実現の可能性は遠い彼岸に置かれることになるのだ。

ではこの最高善はいかに可能となるだろうか。カントは、この徳福一致のアンチノミーの解決を不死の魂と神の存在の要請に求める。

不死の魂と神の存在

人間のほんとうの生き方はひとつ、道徳的な生き方である。これがカントの強いメッセージだ。

そして、人間がめざすのは、高遠なところにある道徳的な生き方の完成、最高善という理想状態にある。

さて、その最高善の実現、徳福一致のアンチノミーの解決のためには、ある条件が必要となる。それが、不死の魂と神の存在の要請だ。このふたつの理念は、『純粋理性批判』では人間の認識の対象としては「知りえないもの」、物自体とされた。しかし、それらはけっして認識されないものだけれども、ひとが道徳的に善く生きるためにはその存在が「要請」されなければならない、とカントは考えるのだ。

わたしたちはいつもつねにあの厳しい道徳法則に自分の意志を一致させることができるわけではない。そのためには不断に努力しなければならない。だが、わたしたちが生きているあいだは、完璧に道徳的な人間となるのは難しい。人間はその自然な本性として自己中心性をもつからだ。だから、わたしたちの魂は死後も存続し、わたしたちは道徳的な人間となるための努力を続けなくてはならない。これが、不死の魂の要請だ。

わたしたちが不死の魂となって、努力を続けて道徳法則に自分の意志を一致させることができるようになったとき、完全に道徳的な存在となったとき、それを祝福してくれる神がいなければならないとカントは考える。これが神の存在の要請だ。神は道徳的に完全になったひとに幸福を与える。ここに徳福一致が実現される。しかも、この幸福は、もはや魂は完全に道徳的になって、自己中心性を克服しているので、欲求や快・不快とは関係ない「浄福」とされる。

わたしたちは、カントの魂の不死や神の存在の要請について、たんなるキリスト教の焼きなおしのように思うかもしれない。だが、カントはつぎのように言う。

> 神および不死の理念については、これらの理念の現実性はおろか、それが可能であるということすら認識しあるいは洞察し得るなどと主張できるものではない。とはいえこの二つの理念は、道徳的に規定された意志を、この意志にア・プリオリに与えられた対象（最高善）に適用するための条件である。
>
> ——カント『実践理性批判』

カントにとって魂の不死や神の存在は、あくまでも人間の道徳（最高善）の条件として要請されている。カントが『実践理性批判』で言いたいことの中心はつねに人間の生き方、ひとはいかに善く生きるか、という点にあるのだ。

そうである以上、たとえば、神がいて人間に道徳を与えた、とはカントは考えない。そう考えることは、また真理や客観の立場を復活させることになるからだ。カントなりに取りだした主観のなかにある〈普遍的なもの〉、すなわち、道徳法則（良心）から、不死の魂や神の存在は要請されているのだ。

カントの道徳論の意義

カントの道徳論の意義は、わたしたちの主観のなかから〈普遍的なもの〉として道徳法則を取りだした点にある。この試みは、自分の主観以外にはどこにも善の根拠を置かない力づよさをもっている。

どこにも特権的に善とはなにかを言い渡す場所はない。だが、わたしたちは主観のなかからだれにも共通するであろう善の原理を言葉として取りだせる。これを実践してみせたのがカントの『実践理性批判』なのだ。

もちろん、カントのこの取りだしには、自己中心性の完全な克服という厳格な性格があった。その完全性を求める道徳観から最高善というある意味で彼岸の理想状態が置かれ、魂の不死や神の存在が要請されたのだった。いまのわたしたちは、こうした理論にどれだけ普遍性があるか疑問に思うだろう。

だが、カントのこの試みじたいは大きく評価するべきだ。わたしたちは、善は〈ひとそれぞれ〉という声をよく聞く。たしかに、だれも特権的に善いとはこれだと答えられない以上、善は〈ひとそれぞれ〉のものだ。だが、にもかかわらず、カントは自分のうちに、だれにも共通だと思われるような原理を探った。この試みは、わたしたちのうちには善をめぐって他者と共有できるような言葉がありうる、という可能性を示す第一歩だと言っていいだろう。

ところで、『実践理性批判』は、近代の善や正義をめぐる思想、そして、ある意味で、わたしたちが世の中を善くしようとさいしょに思うときの基本的な考え方のかたちを提出していると言える。

カントにとって、自由とは道徳的な行為を通じて表現されるものだった。このことを最高善という高遠なところにある理想、完全状態とからめて言えば、人間の自由は完全な理想をめざす、ということになるだろう。ある理想状態を設定し、そこに向かって生きるべきである、これが人間の自由だ、とする思想は、近代の社会批判の理念の基本的なかたちとなった。そして、わたしたちの多くも、矛盾を前にして、この世の中を善くしようとさいしょに考えるときには、完全な理想状態を思い描く。

だが、こうした思想のかたちこそ、ポスト・モダンの思想に批判された近代の真理の思想の基本のかたちだった。カントが提出したものは、道徳的生き方というあるひとつのほんとうの生き方、そして、道徳的完成という完全な理想だった。ひとつの正しい生き方とそれが目指す完全な理想。これが恐ろしい結果を生んだのは、すでに見たとおりだ。

もちろん、カントはあくまでも主観の哲学の立場をつらぬいているので、道徳というひとつの正しい生き方と最高善という完全な理想は、だれでも自分を反省してみればわかるにちがいない、と言っているにすぎない。

しかし、カントにとって、道徳的な生き方が唯一の正しい生き方であること、道徳の完成である最高善が人類の目指すべき唯一の目的であることは、ほとんど真理と言っていいくらいの動かせないことがらだった。わたしたちがつぎに見る『判断力批判』における美の考察にもこの道徳性の理念が大きく影響している。

2 『判断力批判』――〈普遍的なもの〉としての美

美の謎

美とはなにか。これが『判断力批判』の中心テーマだ。美を軸に、『判断力批判』には、目的論、道徳界と自然界の体系的統一といったさまざまなテーマが入り込む。議論はとても複雑になる。この著作は難解な哲学書として知られ、じっさい、その難しさは読者の理解しようとする気持ちを萎《なえ》させるほどだ。

だが、わたしたちは、カントの主観の哲学が主観のなかから〈普遍的なもの〉を取りだす方法であることを見てきた。『判断力批判』も、その方法の美学的展開であることにはかわりない。

そう考えると、『判断力批判』の核心部分はそれほどとらえにくいものではない。その核心部分とは、カントがつぎのように〈普遍的なもの〉としての美を取りだしたことだ。

面白いことに、カントはそれをアンチノミーのかたちで取りだしている。つまり、美とはひとつの解き難い問題、謎のようにわたしたちのうちにある。それはつぎのように定式化される。

正命題　趣味判断は、概念に基づくものでない、もしそうだとしたら趣味判断は論議せられ

反対命題　得る（証明によって決定され得る）ことからである。趣味判断は、概念に基づくものである。さもないと判断が相違するにも拘わらず我々はその判断について論争できなくなる（他の人達が我々の判断に必然的に同意することを要求できなくなる）からである。

――カント『判断力批判』

この美のアンチノミーは、どのようなことを意味しているだろうか。まず、「趣味判断」とは、美しいものを判断する能力だ。では、概念とはどういうことを意味しているだろうか。これまで見てきたように、概念は高い〈普遍性〉をもつ。カントにとって、ほんとうに普遍的なものは論理のかたちとしてある。自然認識を可能にするカテゴリーはそうしたものだったし、なんといっても、『実践理性批判』で見たように、善の原理は、それ自体が普遍的な純粋な論理のかたちとして取りだされるもの（道徳法則）だった。

では、アンチノミーに戻ってみよう。これをなるべく簡単に読み替えるとつぎのようになる。

正命題　美には普遍性がない（主観的なものだ）。もし普遍性があるとすると、（ちょうどカントの場合は善がそうであったように）数学や幾何学のような証明によってなにが美しいかを決定できてしまうはずだ。

反対命題　美には普遍性がある。もしそうでなかったら、なにが美しいかについて、ほかの人に同意を求めることが無意味な、まったく〈ひとそれぞれ〉のものになってしまうだろう。

美は、普遍的でない（主観的）とも言え（正命題）、普遍的であるとも言える（反対命題）性格をもつ。言い方を変えれば、美は「主観的なのに普遍的」という、ある謎めいた性格をもっている。こうした難問として美はわたしたちの主観のうちに〈普遍的なもの〉としてある、とカントは言うのだ。

たとえば、わたしたちは、「各人はそれぞれ固有の趣味をもつ」ということをよく知っている。なにが美しいかを数学や幾何学のように証明できるような普遍的なものとはとても考えられない。美は主観的なものだ。だが、たとえば、キルケゴールに「美しい音楽を聴いたら石だってしゃべりだす」という有名な言葉があるように、わたしたちは、あるものを美しいと感じて、それが自分だけでなくほかのひともまた美しいと思うことを期待する。美は主観的でありながらも〈普遍性〉を要求するのだ。

このように見てくると、カントの美の本質の取りだしが、わたしたちの美しいものの経験に共通する構造であることがわかる。

ようするに、『判断力批判』でも、「わたしたちの主観にとって」という主観の哲学のかまえは生きている。ちょうど、事物の認識が対象そのものの認識ではなく人間にとっての認識であるように、あるいは、善の根拠が主観の外側ではなくその内側の良心にあるように、美の受けとりもまた、わたしたちにとっての受けとりなのだ。

たとえば、わたしたちはある美しい対象そのものがまずあって、それを主観が味わっていると考える。しかし、そうではない。美しい対象は、そのものとして美しいのではなく、わたしたちの主観にとって美しいのだ。この意味で、『判断力批判』は、美に関する「批判」だと言える。では、その美しいものを感じ、味わうとき、わたしたちの主観のうちではどのようなことが起こっているのだろうか。その構造を、「主観的なのに普遍的」なものとしてカントはアンチノミーのかたちでまとめたのだ。

わたしたちは、善や美といったことがらについて、なかなか人びとの意見が一致しないため、共通の構造などないように思いがちだ。だが、カントはその構造を取りだしてみせた。こうしてカントは善と美の哲学の大家となったのだが、とはいえまず、カントが取りだした美の本質についてもう少し詳しく見ていこう。

美の本質をめぐって

美とはなにか。カントは、美を「快適なもの（たんなる快）」と「善」という両者と比較させながら、その本質にせまっていく。カントは、まず、「美しいものに対する満足・喜び（Wohlgefallen）」「快適なものに対する満足・喜び」「善いものに対する満足・喜び」の三つを比較していく。

快適なものは、わたしたちの感官（五感）に満足・喜びを与える。この情感は、対象への欲求・関心を目覚めさせる。たとえば、おいしそうな食べ物はわたしの食欲をそそり、それを食べたいと思う。気持ちよさそうなイスは座りたいと思わせる。

一方、善いものの場合はどうか。カントは、善いものを有用なものと道徳的に善いものに分けるが、それらは共に「目的」の概念を前提としている、と考える。善いものは、なんであるべきか（対象をどのように使うべきか、どう善く生きるべきか）を伝え、それは満足や喜びをもたらすと共に、対象への欲求・関心を引き起こす。たとえば、よくできた道具はわたしにそれを使いたいと思わせ、他人の善い行為は、自分にも善い行為をするようにうながす。

このように見てくると、快適なものの満足・喜びも、善いものの満足・喜びも、対象への強い欲求・関心と結びついているのがわかる。では、美しいものの満足・喜びはどうだろうか。カントは、趣味判断は関心なしに対象を眺めることだと言う。美しいものは、「たんに満足・喜びを与える」だけで、対象への欲求・関心を引き起こさない、と言うのだ。

このカントの主張をどう考えたらいいだろうか。たとえば、カントは、「われわれは、美しいものを観察する際しばしとどまる。なぜなら、この観察は自分自身を強め再生産するからである」と言っている。これは、わたしたちが、美しいものを前に、心がいきいきと動いて、「わあ、すごくきれい！」と感情を高めている場面をあらわしていると考えればいいだろう。こうしたことは、美しい自然、芸術作品、人間に対しても起こりうることだと思う。このときわたしたちは、美しい対象を、欲しいとも使おうとも、あるいは、その対象に触発されて道徳的に生きようとも思わない。対象への欲求・関心はないと言える。この場面では、わたしたちは、たんに満足・喜びのなかにいると言える。

だが、こうした美の「無関心性」については批判も多い。とくにあとで見るように、ニーチェははげしい批判を与えている。とはいえまず、これまでの議論をつぎのように整理してみよう。

快適　対象への欲求・関心「あり」
美　対象への欲求・関心「なし」
善　対象への欲求・関心「あり」

美の「無関心性」に加えて、カントは、美には「概念が欠如している」とも言う。これは、美には、認識や善いことのようには論理性や普遍性がないことを意味する。

カントによれば、自然科学的な事物の認識はほとんど客観的といっていいような〈普遍性〉をもつ。カテゴリーという共通概念にもとづいているからだ。また、カントにとって、道徳的に善いこととは、万人に共通する道徳法則であった。だが、趣味判断はこうした概念をもっていない。論理的でもない。しかし、それでも趣味判断はどこか普遍的なものと関係している。

カントは、快適なものの判断は普遍性を要求しないが、美しいものの判断は普遍性を要求すると言う。これが最初に見た、美は主観的なものでありながら普遍性を要求する、という難問だ。たとえば、カントはつぎのように言っている。

このワインがおいしい（快適である）というひとに、「わたしにとって」このワインはおいしい、とつけくわえるように注意したとしても、なんの問題もないだろう。しかし、ある自分の趣味を自慢するひとが、この建物、衣服、音楽、詩は「わたしにとって」美しい、などと言ったら笑われるだろう。あるものがたんにそのひとだけに満足・喜びを与えるならば、それを美しいとは言わないからだ。

これは、美というものの独特の本質を明らかにしている。カントの言う快適さ、あるものをおいしいとか気持ちいいと言う場合、その判断はひとそれぞれで、ほんとうに主観的なものだとわたしたちは思っている。美の判断も確かに快適さと同じようなひとそれぞれの側面をもつ。しかし、わたしたちがあるものを美しいと言うときはかならず、それは自分だけではなくほかのひとにとっても美しいと思うはずだと信じている。美しいものは主観的なものでありながら、普遍性を要求するのだ。

しかし、カントによればこの普遍性は、認識や道徳的に善いことのような確固とした普遍性をもっていない。美しいものの判断が要求する普遍性は、他者に賛同や同意を要求する普遍性とされる。

このように見てくると、美しいものは、快適さと善いものの間にあることがわかる。それは、主観的なものである点は快適なものと同じだが、普遍性をめざす点では、快適さのような主観的な性格を乗り越えようとしている。しかし、美のめざす普遍性は道徳的に善いもののような客観的とさえ言える確かなものではない。

このことを前に示した整理に重ねると、つぎのようになる。

快適　対象への欲求・関心「あり」　概念・論理性「なし」　主観的
↓
美　対象への欲求・関心「なし」　概念・論理性「なし」　主観的であり普遍的
↓
善　対象への欲求・関心「あり」　概念・論理性「あり」　普遍的

ここでカントの美の本質論をあらためて見てみると、美に、道徳へと至る道を探ろうとする試みを見ることができる。

美から道徳へ

カントにとって、美はじつは道徳へと至る道だ。だが、カントはなかなかそのことを表立っては語らない。そのかわり、美の本質を記述しているようでじつは道徳について語っているような、遠まわしに美は道徳に結びつくと言っているような、なんとも複雑な書き方をする。

このような美の本質の記述の代表例は、つぎのふたつだ。

●構想力と悟性の自由な遊び

●目的なき合目的性

この言葉だけ眺めると、わかるようでわからないような、なんとも複雑で、ある意味で魅力的に響く本質だ。だが、この言葉の響き自体に魅かれると、わたしたちはカントの美学の迷宮に迷い込む恐れがある。

だが、カントはこうした魅力的なキーワードを使って、遠まわしに「美は道徳だ」と言いたいのだ。このことをさいしょにきちんと意識しておこう。そうすれば迷宮に迷い込む心配はない。

さて、ここで言われている「構想力と悟性の自由な遊び」というのは、わたしたちが美しいものを感受しているとき心で起こっていることを意味する。一方、「目的なき合目的性」というのは、その美しい対象のあり方を意味する。

まず、「構想力と悟性の自由な遊び」から考えてみよう。カントはこれを「構想力と悟性との相互の合致」とも言う。だが、美しいものを感受しているとき、心のなかでほんとうにこのようなことが起こっているのかどうか、わたしたちはなかなか確かめたり理解することができない。

しかし、カントはここである独特なアナロジー（類比）を提出していると考えれば、「構想力と悟性の自由な遊び」は謎ではなくなる。じつは、構想力は自由、悟性は道徳法則のアナロジーなのだ。ようするに、カントは美の感受を『実践理性批判』で見たような自由と道徳法則の合致に重ねている。

カントが思い描いているのは、つぎのようなイメージだ。

美しいものの判断は自由だ。快適なものの判断は、傾向性にしたがい、善いものの判断は、目的（こうあるべき）にしたがう。しかし、美しいものの判断は、対象への欲求・関心にも関係せず、傾向性にも目的にもしたがっていない。美しいものを感受するとき、わたしたちの心には自由が生まれているのだ。

カントはこの自由を構想力の自由として考える。『純粋理性批判』で見たように、わたしたちの認識をつくりだす場面では、構想力は悟性のカテゴリーにしたがった図式をつくりだした。だが、美しいものの判断の場合、それは事物の認識ではないから、構想力はカテゴリーにしたがう必要がなくなる。構想力はここでは自由になっている。

しかし、美しいものの判断は〈普遍性〉を要求する。これは、いちど悟性から自由になった構想力が自分から自発的に悟性（普遍性）と合致するようめざすことだ。自由な構想力が普遍的な悟性と一致しようとする。これは、まさにわたしたちが自由でもって（自発的に）道徳法則と一致することをめざす道徳のあり方と同じだ、とカントは言いたいのだ。

ようするに、「構想力と悟性の自由な遊び」とは、だれでも共通して確かめられる美の本質というより、カントが苦心してつくりあげた自由と道徳法則の一致という道徳性のアナロジーだと言える。このようなかたちで、美は道徳へ通じる道であることをカントは示そうとしているのだ。

同じような、道徳への方向づけは、「目的なき合目的性」という言葉のなかにも見られる。この言葉も非常にわかりにくいが、カントがこの言葉で考えたことはつぎのようなことだ。

わたしたちにあらわれる美しい対象は、たとえば、善い対象がそうであるような、その対象がなんであるべきか、といった目的の概念をもっていない。むしろ、美しい対象から目的や意図が受けとられると、美の純粋な味わいを損なうことになる。美しい対象はそれ自体で純粋な満足・喜びの対象だと言える。しかし、そこにはっきりとは見いだせないけれど、美しい対象には、やはり、ある目的を想定せざるをえない。これが「目的なき合目的性」だ。

しかし、この目的がなんであるかをカントはなかなか語ろうとしない。だが、カントはこの「目的なき合目的性」を「たんなる形式の合目的性」とも言っている。カントによれば、美しい絵画や彫刻の本質は線描（形式）にある（それを彩る実質的な色は素材にすぎない）。

わたしたちは絵の本質が線描（形式）であるということをなかなかうまく理解できない。絵の美しさをカントのように形式と素材に分け、形式のほうを本質的とすることができるだろうか。絵の美しさの本質を色ではなく線描と言えるだろうか。

だが、この「たんなる形式の合目的性」についても、だれでも確かめられる美の本質というより、あるアナロジーが提出されていると考えたほうがいい。

じつは、ここで重視されている美しい対象の形式とは、『実践理性批判』で見た道徳法則の純粋な形式性と重ねられているのだ。だから、カントは、美しい対象に道徳とかかわるもの、道徳と似ているものを見いだそうとしていると言える。

ようするに、「構想力と悟性の自由な遊び」も「目的なき合目的性」も、美の感受や美的な対象の本質というよりは、美に道徳のようなものを見いだすためにカントが置いたキーワードだと考えればいい。カントはなかなかその意図を明確にしないので、わたしたちは混乱する。

しかし、カントはだんだんとその意図をはっきりさせる。わたしたちが美に想定せざるをえない目的とは道徳なのだ。わたしたちは、なんの関心も抱かず、なんの目的も見ず、美しい対象に純粋に満足・喜びを感じているように思える。しかし、その味わいのなかでほんとうに感じているのは、「美の理念」、すなわち、道徳なのだ。このことは、わたしたちが最初に見た美のアンチノミーの解決によってやっと明らかになる。

美のアンチノミー

ここでわたしたちは、カントの提出した美のアンチノミーに戻ってみよう。

正命題　趣味判断は、概念に基づくものでない、もしそうだとしたら趣味判断は論議せられ得る（証明によって決定され得る）ことからである。

反対命題　趣味判断は、概念に基づくものである。さもないと判断が相違するにも拘わらず我々はその判断について論争できなくなる（他の人達が我々の判断に必然的に同意することを要求できなくなる）からである。

——カント『判断力批判』

カントのこのアンチノミーに対する解決はこうだ。正命題の立場と反対命題の立場とでは、「概念」の意味が異なっている。正命題の立場での概念は、「悟性概念」と考えればいい。一方、反対命題の立場での概念は、「理性概念」と考えるべきだ。そうすると、ふたつの立場の対立は仮象であるということがわかる。

これは、どういった解決だろうか。まず、正命題の立場について言えば、趣味判断は、カテゴリーや善いもののように概念にもとづいてはいないので、趣味判断について、万人が納得するような証明のかたちで〈普遍性〉は得られない、と言うことができる。一方、反対命題の立場について言えば、趣味判断は、悟性概念にはもとづいてはいないが、理性概念にもとづいているので、論議というかたちで証明による普遍性は得られなくても、論争というかたちで人びとに趣味に関する一致を要求することができる。

では、反対命題で言われているこの理性概念とはなにか。カントはこれを「諸現象の超感性的基体」「超感性的なものの規定されていない理念」「趣味の正しい概念」と言ったりしている。しかし、この理念がなにかは、はっきりとは言われない。美しいものの判断をいちばんの根底で支え、その判断の普遍性を求める根拠は、ある不可知のもの、物自体なのだ。
しかし、この理念がなにを指すかは、じつはとてもはっきりしている。

美は道徳性の象徴

カントの結論はとてもシンプルだ。「美しいものは道徳的に善いものの象徴である」。つまり、「美しい」は、「善い」が感性化され、かたちをとってあらわれたものだとカントは言うのだ。

美しいものが道徳的に善いものという〈普遍的なもの〉の象徴だから、わたしたちは美を、主観的なものでありながら、〈普遍的なもの〉として要求できる。また、同じことなのだが、なぜわたしたちは、美しいものの判断が主観的なものだとわかっているにもかかわらず、普遍的なものだと感じるのか。この問いに関して、カントの回答は、美は道徳性という普遍的なものの象徴だからだ、というものになるだろう。

ここでいろいろな疑問も解ける。カントは、趣味判断には概念がないと言っていたが、そこには、仮に表向きはわからなくても、道徳性という理性の理念が隠れている。また、「目的なき合目的性」についても、つぎのように言うことができるだろう。

美しいものは、ある形式的な秩序のようなものをもっている。それがどんな目的であるかは直接にはわからない。しかし、その美しいもののあらわれの根底には、道徳性、あの純粋な形式であった道徳法則がある。目的とはそれがなんであるべきかを示すことだが、美がどうあるべきか、美はなんのために存在しなければならないのか、そうした美の合目的性を直接には見えないかたちで与えているのは、じつは道徳のため、というのがカントの結論だと言えるだろう。

こうしてカントは、カントなりに、美を通じて、わたしたちが主観のうちから道徳性につながっていることを明らかにした。わたしたちは美しいものを味わっていると思っている。しかし、カントに言わせれば、その美しいものとは道徳的な善いもののあらわれなのだ。

崇高という感情の意味

『判断力批判』の中心の考察は美の本質なのだが、そこには「崇高（Erhabenheit）」の分析が無視できない割合を占めて展開されている。その理由は、おそらく、美の考察に、崇高という感情を加えることで、わたしたちのうちに道徳というものがあることをよりはっきり示すことにあったと思われる。

そもそも、崇高がなぜ美と関係があるのか。じつは、カントは崇高を美とは異なった感情だとしている。カントはこの感情を引き起こす対象として、たとえば、暴風雨によって逆巻く広大な大海原を挙げる。ひとは崇高な対象には、大きさや威力を感じる。ようするに、美が大きな喜びの感情であるのに対して、崇高は大きな恐れの感情なのだ。

だから、崇高は美でさえない。しかし、それでも、カントは美の考察に崇高を含まなくてはならなかった。おそらくカントは、美が直接に道徳と結びつくことはできないと直観していたはずだ。

というのも、美という喜びの感情（美）と道徳（定言命法）が結びつくのは非常に難しいからだ。『実践理性批判』で見たように、カントの道徳法則は誉められるから嬉しい、という喜びの条件抜きで守るべきルールだった。だから、カントの道徳は厳格な「べし」という純粋な命法だった。

ふつうに考えても、この道徳を前に、どう考えても喜びや嬉しさといった感情は出てこない。むしろ、この道徳に相性がいいのは、恐れに似た感情だということがわかる。これはある意味で、厳格で恐ろしい親にルールを押しつけられる子どもの感情に似ている（だから、フロイトは超自我＝強い父親からのルールの内面化を定言命法としたのだった）。

ひとことで言えば、カントにとって、道徳とうまく結びつくのは崇高という恐れの感情なのだ。すでに見たように、カントの美と道徳の結びつきの説明はなかなか強引なところがある。ところが、道徳と崇高は、それがアナロジーにすぎないとしても、なかなかうまく結びついている。

これから見るカントの崇高論は、恐れの感情から道徳を導きだす作業だ。いまここでその内容を簡潔に見ていこう。

カントは崇高を数学的崇高（対象の大きさを喚起するもの）と力学的崇高（対象の威力を喚起するもの）のふたつに分けている。

数学的崇高には、暗雲たれこめる怒濤《どとう》の大海や荒野などに対する感情があたる。この感情のなかで、わたしたちは「端的な大きさ」と「尊敬」を感じる。しかし、こうした大きさや尊敬は自然に対して感じるのではない。

カントはここで、わたしたちの心のなかで起こっていることを説明する。カントによれば、崇高なものを前に、わたしたちは構想力をはたらかせて、その大きさをイメージする。しかし、その対象は構想力を超えて大きい。構想力はその大きさにかなわない。しかし、これは、対象そのものが大きいというわけではない。じつは、わたしたちの理性が大きいのだ。この場合、理性とは、道徳法則を指す。

いったいこれはどういうことだろうか。カントはつぎのように考えている。崇高とは一般に自然の対象に対してもつ感情だとされる。しかし、じつはその感情は、自分の内側の道徳法則に対してもつ尊敬の感情なのだ、と。だが、どうして自然の対象に対する感情が内なる道徳法則に対する尊敬なのか。その理由ははっきりしない。

とはいえ、ようするにカントは、自然を偉大だと思うことは、道徳法則を偉大だと思うことと似ている、と言いたいのだ。自然の厳しさは、道徳の厳しさと似ている（崇高と道徳は似ている）、これが数学的崇高の意味だと言える。

一方、力学的崇高はどうか。火山や暴風などに対する感情がそれにあたる。この感情のなかで、わたしたちは「恐れ」と「勇気」を感じる、とカントは言う。しかし、カントによれば、こうした感情もほんとうは自然に対して感じているのではない。

力学的崇高の場合、数学的崇高の場合のようには、構想力と理性との関係は前面には出てこないが、ここでは構想力の理性への高まりが考えられている。この高まりも、崇高な自然と、わたししたちの自然なあり方が道徳性へと高まることとのアナロジーとして考えたほうがいい。

わたしたちの自然なあり方は、道徳法則を威力ある厳格で恐ろしいものだと思う。しかしまたそれは、恐ろしければ恐ろしいほどわたしたちを惹きつける、とカントは考える。この恐ろしさはわたしたちを強め、勇気を与えてくれさえする。この勇気を、自然性に逆らって、道徳的な行為を実践する勇気としてカントはイメージしている。

自然は恐ろしい。だが、わたしたちはそれに勇気をもって立ち向かうこともできる。さて、このことは、自分の自然性、自己中心性を抑えてまでも道徳法則にしたがうことは恐ろしい、だが、わたしたちはその恐ろしさにうち勝って道徳法則にしたがって行為する勇気をもっている、というイメージとどこか似ている。

ようするに、崇高の感情はなにか道徳的なものと結びつくイメージをもっている、とカントは言いたいのだ。こういうアナロジーのかたちで、カントは崇高（美）と道徳を結びつけようとしている。

すでに『実践理性批判』のところで、わたしたちが道徳法則にしたがう動機はその法則に対する「尊敬」にある、というカントの考えを見た。『判断力批判』では、それが崇高論としてやりなおされていることがわかる。道徳法則は、自己中心性をもともともつわたしたちには完全に守りきれないほどの偉大さと恐ろしさをもつ。崇高という感情はそうした偉大で恐ろしいものを、勇気をもって乗り越えようとすることを教える感情なのだ。

わたしたちのだれにも崇高という感情があることがわかれば、わたしたちが道徳法則にしたがう動機も、よりはっきりと理由づけられるだろう、カントはそう考えたにちがいない。

美の大家たち

戦後日本の思想家吉本隆明は、カントは美の本質というかけ算で解くべき問題をたし算で解いている、と言っている（『言語にとって美とはなにか』）。これはなかなか的確な表現だ。確かに、『判断力批判』は、たとえば、一〇〇の美の本質を導くために、一をひとつずつ加えていくようなイメージを与える。カントの確信は、美は道徳に結びつく、というものなのに、そこにまで遅々として至らない。そして、カントの方法にはなにかが欠けている。美とはなにかを問う場合、確かにかけ算が必要なのだ。そのかけ算とは、つぎに見るカント以外の美の大家たちのやり方にある、恋愛、欲望・関心という観点と言えるかもしれない。

スタンダールの恋

美とはなにか。たとえば、スタンダールならば、それは恋する相手の美しさだ、と答えるだろう。

美または芸術において、非常に美しいものを見ることは、電光の早さで自分の愛するものの思い出を喚起するものである。それはザルツブルクの塩坑で小枝がダイヤモンドで飾られる作用によって、この世の美しく崇高《すうこう》なものがみな、愛する者の美の一部となるからである。

――――スタンダール『恋愛論』

ここで言われている「ザルツブルクの塩坑で小枝がダイヤモンドで飾られる作用」とは、よく知られた「結晶作用」を意味する。これは、愛する相手のうちにあらゆる美を見ること、とされるが、このことの意味はとても深い。

恋をすると、気持ちはうきうきするし、世界がなんだかすてきに見える。世界は美しいものに満ちているように思える。恋する相手はあらゆる美しさの中心になる。言い換えれば、この世界のあらゆる美しいものは恋人の美しさの一部となる。これが結晶作用だ。

こうした考え方は、恋愛が、世界をがらりと変えてしまうような決定的な体験であることを教えている。スタンダールは、わたしたちは恋をしてはじめて美とはなにかを知る、と言う。美とは、恋愛に象徴されるように、ある、このうえない、世界が一変するような経験だと言えるだろう。

カントにこうした観点があるだろうか。カントは、美とたんなる快や善との比較は行った。しかし、たとえばスタンダールが恋愛を中心に美を考えたように、美をこのうえないもの、世界を一変させるようなものとは考えていないようだ。

ところで、スタンダールの有名な言葉に「美は幸福の約束にほかならない」というものがある。恋する相手の美は、それを自分だけのものとして味わう幸福の可能性としてある。美的な対象は、恋する相手に象徴されるように、それを味わいたい、もっと深く味わいたいとわたしたちの関心をかきたてる。もちろん、こうした対象の「味わい」という視点もカントにはない。美は無関心なのだから。カントによれば、美に対するわたしたちの態度は「たんなる観察」にとどまる。

こうしたカントのかかげる美の「無関心性」とはげしく対立したのはニーチェだ。

ニーチェの高揚

ニーチェは「カントかスタンダールか」という問いを立て、「美は幸福の約束」とするスタンダールに与《くみ》する。なぜなら、美は「関心を刺激する」から、というのがニーチェの主張だ。美しいものを前に、わたしたちは無関心ではいられない。スタンダール的に言えば、好きな相手を前にひとは無関心ではいられない。美はわたしたちをどきどきさせ、それを味わおうとさせる。

ある意味で、ニーチェはスタンダールの「情熱」をよく受けとっている。たとえば、恋愛が象徴的だが、美はわたしたちの気持ちを湧き立たせる。ニーチェにとって、美は「生命感情の高揚、生命感情の刺激剤」なのだ。

だから、ニーチェは芸術についてつぎのように言っている。

　芸術は、生を可能ならしめる偉大な形成者であり、生への偉大な誘惑者であり、性の偉大な刺激剤である。

芸術は、生の否定へのすべての意志に対する無比に卓抜な対抗力にほかならない。

――ニーチェ『権力への意志』

ニーチェにとって芸術（美）はわたしたちの関心を刺激し、性的なものも含めわたしたちの生きんとする意志を刺激する。芸術（美）は、生を誘惑し、生の肯定をうながす。

しかし、もう少し、ニーチェの芸術（美）のイメージを見てみよう。ニーチェはつぎのようなものを考えている。

私たちが事物のうちへと変貌や充実を置き入れ、その事物を手がかりに創作し、ついにはその事物が私たち自身の充実や生命欲を反映しかえすにいたる状態とは、性欲、陶酔、饗宴、陽春、敵を圧倒した勝利、嘲笑、敢為、残酷、宗教的感情の法悦にほかならない、とりわけ、性欲、陶酔、残酷という三つの要素である、――すべてこれらは人間の最古の祝祭の歓喜に属しており、すべてこれらは同じく最初の「芸術家」においても優勢である。

――ニーチェ『権力への意志』

芸術（美）はわたしたちの生の充実や生命欲を刺激する。それには、性欲、陶酔、残酷という三つの要素が重要だ。ニーチェはそう言っている。性欲や恋愛は陶酔をもたらす。また、人間の生きんとする意志である力への意志は、支配や残酷を求める。こうしたものがあらわれる芸術（美）は、つねにわたしたちの生を刺激し、より強く生きようとさせる、と。

こうした太古の祝祭的なイメージは過激で、わたしたちは違和感を覚えるかもしれない。しかし、このニーチェの芸術観は、はっきりと、美や芸術の領域が、「社会」や「道徳」といった「善」の領域や学問的な「真理」の領域とはまったくちがった「よいもの（価値あるもの）」の領域であることを示している。

だから、ニーチェはつぎのように言う。

「善と美とは一つである」と主張するのは、哲学者の品位にふさわしからざることである。さらにそのうえ「真もまた」とつけくわえるなら、その哲学者を殴りとばすべきである。真理は醜い。

私たちが芸術をもっているのは、私たちが真理で台なしにならないためである。

――ニーチェ『権力への意志』

こうした言い方でニーチェが直接批判の相手としているのは、プラトンだ。しかし、じつはこの批判はカントによくあてはまる。プラトンが「真、善、美とは一つである」と言ったのは、それなりに正しいのだ。だからつぎにもうひとりの美の大家、プラトンの美の理論を見てみよう。

プラトンの善

いまここで、プラトンの美の理論を詳しく見ることはできない。だから、まず、つぎのように、カント、プラトン、ニーチェという三人の哲学史上の美の大家の考え方を整理しておこう（表1）。

プラトンは美が善につながるものだと考えていた。これはカントといっしょだ。ところが、プラトンは美の本質をもっともよく伝えるのは恋愛という場面だと考える。これはニーチェやスタンダールと共有する考え方だ。しかも、プラトンは、「美しい肉体」をわたしたちが相手に惹きつけられる最初の重要な契機だと考えた。プラトニック・ラヴで知られるプラトンだが、じつは、性欲を含めた、恋する相手への関心や欲望も認めているのだ。そして、この点は、ニーチェやスタンダールと同じだと言える。

ところで、カントはどうか。表1を見てみると、カントの美の理論には、恋愛や欲望・関心といった、味わいやわたしたちの心を躍らせる要素が決定的に欠けているのがわかる。じつはこのことが、カントの美の理論の弱点になるのだが、とはいえまず、プラトンの美の理論をかいつまんで見てみよう。

まず、プラトンにとって、「善」とは、カントのような道徳的な善のみを意味するのではなく、あらゆる「よい」（価値ある）もの」を意味する。この意味で、カントとニーチェの「善」が「道徳」なのに対して、プラトンの「善」は「よい」全般なのだ。

表1　美について、三人の哲学者の比較（○は肯定的、×は否定的）

	善	恋　愛	欲望・関心
カント	○（道徳）	—	×
プラトン	○（価値あるもの）	○	○
ニーチェ	×（道徳）	○	○

わたしたちは、さまざまな価値あるもの（よいもの）をもつが、そのなかでも美は独特の存在だとプラトンは考える。

美には、このうえなくよいもの、つまり真によいものをわたしたちに教える力がある。それは、恋愛の場面を見てみるとよくわかる、とプラトンは言う。恋は相手のうちにこのうえなくよいもの、真によいものを見ようとする。この意味で、恋愛とは、そこに真・善・美がいっしょになっているような経験なのだ。

さて、このように考えると、プラトンを中間に、カントとニーチェはその対極にあるような考え方だということがよくわかる。カントは道徳に人間的な価値（よい）を限定し、恋愛や欲望・関心といった要素を見ない。一方で、ニーチェはカントに鋭く対立する。ニーチェの美の理論は、美や芸術が道徳とは異なった価値（よい）の領域だということを明らかにした。おそらく、こうしたニーチェの考え方は、むしろ、美がもっともよい（価値ある）ものを教える、と考えたプラトンに近い。プラトンを批判するニーチェは、プラトンの「善」をカントの「道徳」としてのみ見ている。

カントは美を道徳に一致させようとした。しかし、カントの道徳と美とは本質的に非常に相性が悪い。美とは、多くの美の大家たちが考えたように、やはり、恋愛や欲望・関心と関係し、生を湧き立たせるものだ。一方、カントの道徳は、こうした生の湧き立ちを抑える、という性格をもつ。だから、美と道徳は対立する。カントがそこでとった方法は、なんとも苦しいのだが、道徳のために美の本質を切り詰める、という方法だったのだ。

カントの美の理論の問題点

カントの美の理論のいちばんの功績は、美が主観的であり普遍的である、という点だ。美というものは、数学や幾何学、論理学のような高い普遍性はもっていない。そして、わたしたちは、なにを美しいと言うかはひとそれぞれだと思っている。にもかかわらず、わたしたちは、美について話し合い、その普遍性を確かめたい（カントの言葉で言えば「論争」したくなる）。

これが美だ！　と特権的に言い渡す立場はどこにもない。美に数学のような共通の正解のようなものもない。だが、それは普遍性を要求する。カントはこのことをアンチノミーのかたちで取りだした。この点の功績はいまでも大きい。

だが、カントは美のアンチノミーを道徳に向かって解いた。そもそも、美が普遍性を要求できるのは、道徳が普遍性をもっているからだ、というのだ。ようするに、カントは美に道徳という独特の方向づけをしている。ほんとうは、美の普遍性を確信し、それを強めることは、わたしたちが美について語り合うことのなかにしかありえないはずだ。

だが、カントは美の問題を道徳に還元してしまった。ニーチェがはっきりと言っているように、美は道徳とは異なった価値の領域だ。カントの行ったことはいわば、「政治と文学」の問題を政治に還元するような手続きだったと言えるだろう。

そもそも、美と善、このふたつはどちらがどちらに還元できる、という問題ではないはずだ。だからこそ、たとえば、明治時代の文学者北村透谷が「想世界と実世界との争戦により想世界の敗将をして立籠らしむる牙城となるは、即ち恋愛なり」と言ったように、社会的な変革の夢破れても、恋愛や小説、芸術の世界だけが価値ある世界だ、自分を生かす世界だ、という強い情熱が生まれる。また、社会的な変革という夢ではなく、この実世界の生活の戦いに敗れ、苦しい状態にあっても、美的な世界はそれでもなおわたしたちの生をはげますものとして存在するし、存在しなければならない。

しかし、芸術や表現の美的な世界は、ただただ自分だけの夢を生かす世界というわけではないだろう。むしろそこに美について話し合い、より普遍的なものにしようとする努力が生まれる。カントはこの線までいったのだが、その先に善の普遍性を置いた。

そうなると、結果的にはこうなるはずだ。わたしたちが自分を反省して善の普遍性（道徳法則）を取りだすことができれば、美の普遍性はそれにしたがっていると考えればいい（道徳的なものが美しい）、ということになる。だが、これは、どこにも美の正解はなく、その普遍性は他者と話し合うことでしか確かめられない、という努力を無意味なものにしてしまうだろう。

カントの言う善についても同じ問題を見ることができる。カントが道徳法則を数学や幾何学、論理学と同じような普遍性をもつものだと考えていたことはすでに見たとおりだ。道徳法則は他者と議論するまでもない普遍的な原理だった。

　ようするに、カントの善と美の議論は、その普遍性を他者と議論して確かめ、豊かにする、というアイデアが欠けていると言える。カントの主観から〈普遍的なもの〉を取りだそうとする試みはまったく正しいが、その普遍性は、当時その普遍性が自明であった数学、幾何学、論理学の普遍性に求められているのだ。

　どこにも真理はない以上、〈ひとそれぞれ〉の主観から〈普遍的なもの〉を取りだそうとする試み以外に方法はない。だが、その自分のなかの普遍性は、カントがそうしたように、それまでの学問で正しいとされる知識に根拠があるのではなく、他者と話し合うことでしか確かめられないものだと言うことができるだろう。

第五章

カントから考える

ヘーゲル、フッサール、ハイデガー、アーレント

1 時間性と認識——ヘーゲル

経験は時間を通して豊かになる

ここでもういちど確認しておこう。カントの立てた方法は、だれも絶対的な真理の立場には立てないことを深く自覚すること、そのうえで、主観のなかから〈普遍的なもの〉を取りだす、というふたつの方法だった。カントはこの方法を『純粋理性批判』、『実践理性批判』、『判断力批判』とつらぬいてきた。

この方法をどのように発展させていったらいいいだろうか。わたしたちはそのヒントを、ヘーゲル、フッサール、ハイデガー、アーレントという四人の哲学者たちの考える方法に求める。彼らが行ったのは、カントの哲学の方法をさらに発展させ、より深めたものであった。

だが、深めたといっても、だれも理解できないような深遠な方向へ深めた、というわけではない。彼らの哲学のなかには、カントの、主観のなかから〈普遍的なもの〉を取りだす、という方法を、より多くのひとにとって有効な考える道具として使えるようにするヒントがある。

わたしたちはこの四人の哲学者を通じてカントから考えることをやってみよう。そのことを通じて、カントと彼らの方法を自分のものにしてみよう。

ヘーゲルはあらゆる意味でカントの哲学から影響をうけた哲学者だと言える。その影響は認識論、美学、自然哲学、政治哲学と非常に多くの分野にわたっている。だが、ここでは、認識の領域でヘーゲルがカントの方法をどう一歩進めたかを見てみよう。

カントの認識論が無時間的なもの（いま、ある認識能力を問うもの）であったのに対して、ヘーゲルの認識論は時間性をもっている。ヘーゲルが『精神現象学』で記述したのは、わたしたちの経験が時間を通じて豊かになる様子だ。

カントの認識論のキーワードは、「ア・プリオリ」ということにあった。このア・プリオリという用語は、「普遍的」という意味もあったが、「先天的」という意味も非常に強かった。たとえば、空間・時間という形式と一二のカテゴリーを人間はあらかじめもっていて、それを使って、感性に与えられたものを概念で整理し、認識が成立する。カントの認識には、どこかあらかじめわたしたちがもっている装置によって、世界を整理するというスタティックなイメージがある。だが、認識とはそういう、あらかじめある枠組みによって、世界を整理するようなものなのだろうか。たとえば、わたしたちにとって、普遍的な概念とは、一二のカテゴリーしかないのだろうか。わたしたちの概念はもっと豊かなものではないだろうか。

ヘーゲルはおそらくこう考えた。認識とは、自分の知をどんどん深めていくようなものだ。一二のカテゴリーはある段階までわたしたちの知が豊かになった結果だと言えるし、いま考えてみて、わたしたちは一二のカテゴリーしかもっていないとも言えないだろう。わたしたちの認識が深まれば、概念も増えていくはずだ。

だから、ヘーゲルは認識をわたしたちの知識が深まる運動、時間性（時間を通じた深まり）だと考える。そして、この知識とは概念（言葉）を意味する。ヘーゲルにとって認識とは概念の運動なのだ。いわば、ヘーゲルはカントのカテゴリーを動かして、それが豊かになる様子を描いていく。概念の運動は事物の認識にとどまらない。『精神現象学』で記述されるその運動は、意識（事物の認識）からはじまり、自己意識（他者関係）、理性（社会関係）、精神（宗教）にまで高まっていく。ここには、わたしたちが知り認識するあらゆることが概念（言葉）だ、という深い確信がある。

このように、いわば認識を、概念（言葉）の一元論にしたところにヘーゲルの独創があり、ここからカントの認識の問題、とくに、感性と悟性の二元論をすっきりさせることができた。

カントはこの二元論をいかに解決するか、感性と悟性をどうつなげるかにとても苦労した。だが、ヘーゲルはこの二元論は、概念の一元論で解けると考えたのだ。

たとえば、ヘーゲルは、『精神現象学』の認識論の最初に「感覚的確信」という素朴な意識の場面を置く。これはおそらく、カントの『純粋理性批判』の感性論を意識している。

感覚的確信は、感覚（目で見て手で触れて）を確実とする態度だ。この態度の特徴は「直接性（無媒介性、そのまま性）」にある、とヘーゲルは言う。つまりこれは、ここにある対象を見て、それを指差して「これ」だと言うだけの素朴な態度だ。

しかし、よく反省してみれば、一見素朴に見えるこの態度にもさまざまな概念（言葉）が入っていることがわかるとヘーゲルは言う。「これ」は「あれ」でなく「これ」だ。「これ」は「いま・ここにあるもの」という意味も含んでいる。「いま・ここ」の「いま」は、「さっき」でもなく「あと」でもなく「いま」という概念（言葉）の区別のなかにある。一方、「ここ」は、「あそこ」でなく「そこ」でなく、「ここ」という概念（言葉）の区別のなかにある。

さて、この感覚的確信の場面でヘーゲルが取りだしている概念（言葉の分節）は、空間性、時間性にかかわっていることがわかる。ヘーゲルはここで、カントの言う直観（空間・時間）とは、じつは概念（言葉）である、と言いたい。

つまり、経験の本質ということを問えば、最終的に、すべては概念＝言葉だ、というところにいきつく。カントはあたかも空間・時間（感性）と言葉（悟性）を別もののように扱ったが、このふたつは、煎じ詰めれば、言葉（概念）による世界の把握（分節）なのだ。

発生を考える意義

先ほど見たように、ヘーゲルの概念の運動としての認識は、宗教というとても高度な段階までその意味を言葉で理解できるところに達する。『精神現象学』には、人類の歴史という時間を通じて深まる認識のすべてを追体験できるような魅力がある。

ところで、こうした時間性を組み込んだ方法は、カントが「純粋理性のアンチノミー」で禁じた起源や根源を探る方法にならないだろうか。たとえば、感覚的確信での概念というのは、認識の原初の起源にあたるのではないか。じっさい、カントがなぜ先天性（時間によって獲得されたものではないこと）にこだわるかといえば、まさにその理由は、起源や根源をたどることはしない、という点にある。

しかし、時間性を認識論に組み込むことは、大きな意味がある。たとえば、ヘーゲルは、「悟性」という意識の段階で、こんなことを説明している。

ヘーゲルによればわたしたちは、「一」と「多」という概念だけでは自然がうまく説明できないので、「一」でもあり「多」でもある「力」という概念を置いて、自然をもっと説明しやすくした。自然を説明する概念はほんとうに「一」と「多」しかなかったか、という問題になれば、それはよくわからない。ヘーゲルの記述が、自然科学の成立の事情をまったく正確に把握したものであるかどうかは確かめようもない。しかし、ヘーゲルのこの記述は、「力」という概念の発生の場面を仮説的に置くことで、その概念の、自然をもっと説明しやすくするため、という意味を取りだしている、と考えられる。

じっさい、カントは空間と時間、一二のカテゴリーが普遍的にある、と言うだけで、これらの意味は問わない。だから、仮説的にでも概念の発生の場面を問うこと、時間性を認識に組み込むことは、概念の意味をはっきりさせることに貢献するのだ。

発生的方法

自然の説明における概念の意味だけではない。時間性を組み込むことは、道徳的な概念の意味も明らかにするのに役立つ。

『実践理性批判』で見たように、カントは空間と時間、一二のカテゴリーだけでなく、道徳法則もまた先天的なものだと考えた。

しかし、なぜ、わたしたちは道徳法則にしたがわなくてはならないのか。道徳法則にしたがう動機はどこにあるのか。カントは道徳法則への尊敬をその動機としてあげたが、それ以外のことがらは動機として認められなかった。

しかし、わたしたちのうちで道徳法則のようなある普遍的だと思われるルールが問題になるとき、わたしたちは、それを獲得した場面を考えてみる必要がある。そうすることで、わたしたちは、そのルールの意味とそれを守る理由が確認できるはずだ。

たとえば、いまわたしは、「ひとはこのように生きるべき」といった普遍的ルールをもっているとしよう。なぜそれをもっているか、その理由を完璧にたどることはできない。カントに言わせれば、その起源や根源は絶対的に不可知のものとしてある。わたしにとって、いま確実なのは、こういうルールが自分のなかにある、ということだけだ。

だが、それでも、わたしは自分の経験をたどって、このルールを身につけたのはあの場面だった、あのとき他人にひどい目にあったからそう思うようになったのだ、と考えることはできる。このたどり返しはある意味で物語かもしれない。しかし、これは必要な作業だ。

道徳的ルールの意味、ということが問題になり、その意味が「いま」の段階で不明瞭なとき、この作業は必要になる。というのも、「いま」の段階でその意味が不明瞭なときは、すでにその道徳的ルールは身体化され、それを受け入れたときの自分の動機は消えているからだ。その意味をはっきりさせるためには、仮説的にでも、そのルールを受け入れたときの自分の動機を置かなくてはいけない。そのことによって、ルールの意味というものがはっきりする。

だが、先ほど少し言ったようにこうした時間性を取り入れた方法は、カントがアンチノミーで禁じた起源や根源を探る方法にならないだろうか。

とはいえ、よく考えてみるとこうした方法は、じつは「いま」の自分の問題意識のためにある、ということがわかる。起源や根源を問う方法は、この「いま」を「究極的に構成しているもの」を探る。「いま」はある絶対的な起源や根源によってできている、とする。一方、いままでわたしたちが見てきた方法はそうは考えない。仮説的に置かれた「過去」「概念やルールの獲得の経緯」は、「いま」の問題の意味の解明のためにある。わたしたちはこの方法を起源論と区別して、「発生的方法」と呼んでおこう（この「発生的」という方法はフッサールが後期の著作『ヨーロッパ諸学の危機と超越論的現象学』などで展開したものだ）。

発生的方法は起源論ではない。起源論は「いま」は過去によって構成されているという。一方、発生的方法は、「いま」の問題の解決、という必要のために過去を構成するのだ。

ところで、わたしたちは、ヘーゲルが認識を概念の運動（時間性）と考えたところから、それを発生的方法だとしてきた。だが、ヘーゲルにはある意味で起源や根源がある。ヘーゲルの『精神現象学』は、その体系からいえば、絶対者（神のような存在）という根源からの概念の展開（歴史）という性格をもつ。

絶対者をまず置くヘーゲルの記述にはやはり問題がある。そうした存在は、真理や客観といった絶対的な立場を生みだすことになるからだ。だから、カントの言うようにそれは物自体としておく必要があるだろう。

『精神現象学』は、意識（事物認識）からはじまり、自己意識（他者関係）、理性（社会関係）、精神（宗教）へと展開する壮大な構造をもっている。これは体系から言えば絶対者の運動だ。だが、その記述の内実はと言えば、ヘーゲルにとっての「いま」である「近代」の意味を考えるための発生的方法だったと言えるのだ。

さて、わたしたちはこのヘーゲルの発生的方法を主観のなかから〈普遍的なもの〉を取りだす方法にどう生かせるだろうか。たとえば、つぎの場面を想定してみよう。

わたしがこの映画はいい、誰でも良い作品だと思うだろう、と言った場合、わたしはかならず「なぜ?」と聞かれる。だが、たんに「いま」の主観のなかから〈普遍的なもの〉を取りだすだけだとするのなら、この作品はいいんだ、いいんだ、とくりかえすだけになるだろう。

だから、ここで発生的方法が必要になる。わたしは自分の記憶をたどり、映画のあるシーンやそのシーンを見たときの自分の気持ちに立ち戻って、自分の感動の理由を説明できる。また、あのシーンで感動したのは幼い頃のあの気分と同じものを感じたからだ、とさらに記憶をたどって説明したりもできる。

この映画がいい、といった「いま」の主観のなかから取りだされた〈普遍的なもの〉は、その理由を過去にたどって説明されなくてはならない。もちろんこれは、たとえば、過去の自分の生育環境が自分の「いま」の感動を決定している、ということではない。そうではなく、わたしたちは、「いま」の感動を説明するために過去の経験を使っているのだ。

発生的な方法は、主観のなかから〈普遍的なもの〉を取りだす言葉の営みに、なぜ「いま」普遍的と感じるのか、その理由を説明する方法として、厚みを加えるだろう。

2 本質と主観の哲学——フッサール

本質という〈普遍的なもの〉

フッサールは、自分の現象学を「超越論的観念論」と呼ぶほど、カントから影響を受けた哲学者だ。フッサールの現象学はカントの主観の哲学の徹底だともいえる。

だが、わたしたちは、ここで現象学の議論に深く入り込むことはよそう。わたしたちは、フッサールの「本質」という考えを通じて、カントの主観のなかから〈普遍的なもの〉を取りだす、という方法は、いったいどのように先に進むべきかを考えてみよう。

まず、ここで少し、わたしたちの経験という場面を考えてみよう。

わたしたちはさまざまな事物を経験している。たしかに、経験はそのつどそれぞれ、という性格をもつ。わたしはいま本を見ているが、さっきは電車の中吊り広告を見ていたかもしれない。だが、どんな事物も、この世界の空間・時間のうちにあるものとしてあらわれる。それは、だれにも共通のことがらだと言えるはずだ。

もうひとつ、共通のことがらがある。わたしたちは言葉のなかで生き、さまざまな事物を経験している、という点だ。この本を見ている、この中吊りを見ている、といった、あらゆるそのつどそれぞれの経験は、言葉でもってあらわされる。

経験というのは、そのつどそれぞれの事実としてわたしたちに与えられている。だが、同時に、空間・時間、言葉という本質をもっている。

いま行った経験の分析は、フッサールのつぎのような考え方を参考にしている。

〔…〕事実性とも呼ばれるこの偶然性の持つ意味は、次の点で、限定されている。すなわち、この偶然性は、或る必然性と相関的に関係しているということ、これである。

——フッサール『イデーンⅠ』

フッサールは、つぎのように考える。経験は「別様のあり方をすることができたはずのもの」という偶然性をもつ。この世界は生じなかったかもしれないし、ある意味で、デカルトの悪い霊のところで見たように、わたしたちの見ているもののすべてが夢であると疑うこともできる。いま見ている本が別様のあり方をしていると疑うこともできるのだ。

だが、この偶然性は、ある必然性といっしょに考えられなくてはならない、とフッサールは言う。この必然性は、「本質必然性」「本質普遍性」とも呼ばれる。ようするに、経験は偶然的なものなのだが、にもかかわらず、かならず、その普遍性をもち、それを言葉で取りだすことができる、とフッサールは言うのだ。

まず、経験が偶然性をもつということそのものが、経験の普遍的なあり方だと言える。それから、先ほど取りだした、空間・時間、言葉というものも経験の本質だと言えるだろう。こうした本質を記述することをフッサールは「本質観取」と呼ぶ。

フッサール自身は、かなり詳細に、事物経験の本質を記述している。たとえば、知覚のあり方を記述した「射映」などが有名だ。これは、わたしたちにとって、事物はかならず一面のみしか与えられない（いまこの本を開いて見ているのなら表紙の知覚は直接にはわたしに与えられない）、ということを取りだしたものだ。

だが、いまここでフッサールの分析を細かく見ることはできない。重要なのは、フッサールが、経験には、本質＝〈普遍的なもの〉がかならず含まれている、としたことだ。

カントもまた、経験には〈普遍的なもの〉がかならず含まれている、と考えた。だが、その〈普遍的なもの〉は、主観のうちの認識装置が可能にしていると考えた。

先ほど、経験の本質として、空間・時間と言葉を取りだしてみたのだが、これは、じつは、カントの発想を明確にするために行ったものだ。

おそらく、こういうことが言える。わたしたちはすでに認識（経験）をしている。そのなかから、空間・時間と言葉という〈普遍的なもの〉を取りだすことができる。だが、カントは、その〈普遍的なもの〉をさらに、主観のなかのはたらきに割り当てる。その結果が、感性（空間・時間）、悟性（概念：言葉）というふたつの原理となったのだ。

だから、カントの発想はある意味で転倒している。わたしたちは普遍的なものをつくりだす認識装置のようなものをもっているのではなく、そもそも、わたしたちの認識が〈普遍的なもの〉を含んでいるのだ。

主観哲学の未来

さて、わたしたちは、ここで、主観のなかから〈普遍的なもの〉を取りだす、という方法がどういうことなのかを考える必要がある。

フッサールの現象学は主観の哲学だ。フッサールは、直接にはデカルトの方法的懐疑をその方法のヒントとしているが、主観と客観が一致する、という真理観をとらない。だれも真理や客観の立場に立てない、とするこの立場は、カントと共有している部分がある。

さて、本質観取の方法は〈普遍的なもの〉を言葉にしてみる、という方法を意味する。だが、忘れてはならないのは、この〈普遍的なもの〉を言葉にしてみる、ということが絶対的な真理を言い当てる、ということではない、という点だ。〈普遍的なもの〉とは、だれにも共通だと、わたしにとって思われるものなのだ。だから、わたしたちはいつまでも主観という〈ひとそれぞれ〉の場所でしか考えられないのだ。

こうなると、主観のなかから〈普遍的なもの〉を取りだす、ということは、ある態度にすぎないことがわかってくる。

たとえばカントは経験の普遍的な本質を取りだして、それを感性と悟性という主観の機能に割り当てた。じつは長い間、主観の哲学は、まさに主観のなか、という意味で、わたしたちの主観の構造を記述することにはげんできた（フッサールでさえそういうところがある）。

だが、〈ひとそれぞれ〉の主観のなかから〈普遍的なもの〉を取りだすということは、主観を構造的に分析する、ということとはまったく異なったことなのだ。これはつぎのような、「わたし」から「世界」を考える態度のみを意味する。

　絶対的な真理や客観の立場にだれも立つことはできないことを前提にする
　わたしにとって〈普遍的なもの〉と思われることを言葉にしてみる

ようするに、「主観」という言葉は使わなくていいかもしれない。カントやフッサールの主観の哲学は、「絶対的な真理ではなく、より多くのひとの納得できるような言葉をつくりだす態度」としてはじめて生きてくるようなものなのだ。

たとえば、わたしたちのうちには言葉では言われないかたちでこれはよくない、やっぱりそういうことをしてはだめだ、という感情があるかもしれない。しかし、それをまず言葉にしてみること。自分の言うことは絶対ではないかと思いますけれど、やっぱりそれはよくないと思いますと言えること。これは「わたし」から「世界」を考える態度のはじまりだ。

もちろん、このようにわたしにとっての〈普遍的なもの〉を言葉にする態度には、その先がある。というのも、わたしたちはそれを他者に向かって言葉にするからだ。じつは、わたしにとっての普遍性というものは、他者と共に試され鍛えられなくてはならない。しかし、このことの意味は、この章の最後、アーレントのカント解釈を論じるところで見てみよう。

自然科学的な認識の問題

ところで、先ほどわたしたちは、カントの感性と悟性に、空間・時間と言葉という経験の本質を重ねてみた。だが、ほんとうは、カントにとって、空間・時間と一二のカテゴリーとは、自然科学的なものだった。カントは感性と悟性を「経験を可能にする条件」と考えたが、その経験とは自然科学的な事物把握を意味する。だから、カントの経験とはわたしたちのふつうの意味での多様な経験ではないのだ。

わたしたちにとって事物経験とはどのようなものだろうか。目の前の本はわたしたちにとって面白いものであったり、つまらないものであったりする。コップはコーヒーを飲むものであったりする。おそらく、私たちにとって事物とは、まず普通にはこうした意味をもっている。しかしまた、場合によっては、部屋が暑いとき本は団扇になったり、コップはそれをプレゼントしてくれたひとを思い出す道具になったりする。ようするに、事物は、わたしたちの関心や観点に応じて、多様な意味をもってあらわれるのだ。

カントの認識論の場合、わたしたちの経験があたかも自然科学的にできているように書かれていたり、自然科学的把握のみが真に普遍的でわたしたちのふつうの意味での多様な経験は主観的であいまいなもの、というニュアンスがある。

じつはこのような問題を指摘したのがフッサールだった。自然科学的なものの見方が優位になること、そのことでわたしたちのふつうの生活世界的な経験の意味が隠されてしまうことの問題を、フッサールは『ヨーロッパ諸学の危機と超越論的現象学』を通じて細かく論じている。

だが、いまわたしたちはこの問題とカントの認識論の問題とをここで詳しく展開することはできない。それは別の機会にしよう。

3　実存と認識――ハイデガー

『存在と時間』の気遣い

先ほどフッサールのところで、ごくふつうの経験が、わたしたちの関心や観点に応じて、多様な意味をもってあらわれる点を少し見た。

ハイデガーはこうしたわたしたちの日常的な対象との交渉を「気遣い（配慮的気遣い）」というキーワードからつぎのように描いている。

> われわれは、配慮的な気遣いのうちで出会われる存在者を道具と名づけようと思う。交渉において眼前に見いだされるのは、文房具、裁縫具、仕事や乗用や測量のための道具なのである。（略）道具は、本質上、「何々するための手段である或るもの」なのである。有用であり、寄与し、利用されることができ、手ごろであるといったような、この「手段性」のさまざまな在り方が、道具全体性というものを構成するのである。
>
> ――ハイデガー『存在と時間』

配慮的気遣いのうちで出会われる道具、というのはなかなか難解な言い方で、しかも、ここでハイデガーが文房具や裁縫具といった一般的に道具とされているものを例にしているのもなかなかわかりにくい。ようするに、あらゆる対象は道具としてあるのか、というふうに考えてしまう。

だが、ここでハイデガーはとても重要なことを言っている。ここで言われている配慮的気遣いとは、わたしたちの欲望や関心と考えればいい。そして、道具とは、この欲望や関心に応じてあらわれる対象のことだ。あらゆる対象はわたしたちのそのつどの欲望や関心（気遣い）に応じた存在（道具）としてそれがなんであるかをあらす（竹田青嗣はこれを「欲望相関性」と言う）。

いま、わたしがこの本を電車のなかで読んでいたとする。この本は、一般的には読むものだが、急に電車のクーラーが止まり車内が死にそうに暑くなったとき、手ごろなものが見つからない場合は団扇にすることもできる。もし、車内にナイフをちらつかせるひとなどいれば、身を守る武器にもなる。

あらゆるものは人間存在のそのつどの気遣い（欲望・関心）に応じてその存在意味をあらわす。ハイデガーの『存在と時間』は、この気遣いの観点からそれまでの認識論をすべてやり直した。

謎めいた構想力の魅力

ハイデガーには『カントと形而上学の問題』というカント解釈がある。この本は「カント書」と呼ばれ、二〇世紀のカント解釈に大きな影響を与えた。これは『純粋理性批判』を実存論的に読み替える非常にすぐれた本だ。

このハイデガーの「カント書」はなかなか独特で、『存在と時間』（一九二七年）を発表した直後

（一九二九年）に出版されたにもかかわらず、『存在と時間』でのいちばん重要な観点、「現存在（人間存在）」のあり方の本質としての「気遣い（欲望や関心）」がほとんど表面に出てこない。

その理由は、おそらく、ハイデガー自身が『存在と時間』が実存（人間のあり方）の分析としてのみとらえられることを恐れた点にある。『存在と時間』には非常にすぐれた実存論がある。だが、それは、ハイデガーが本来意図したところの「存在論」ではなく、その入り口（基礎的存在論）にすぎなかった。

存在論とは、「あるとはなにか」を考えることだ。『存在と時間』で中心となったのは、「あるとはなにかという問いを問うならば、まず、人間のあり方を問え」というかまえだった。

先ほども少し言ったように、ハイデガーはその人間のあり方を気遣いとして取りだし、この観点からそれまでの認識論をすべてやりなおした。たとえば、カントだったら、対象は主観（感性と悟性）にとってあらわれる、これが認識だ、と言うだろう。だが、ハイデガーは、対象は気遣い（人間の欲望や関心）にとってあらわれる、これが認識と呼ばれることのいちばんの根底にある意味だ、と言う。これは、あらゆる「ある」ということをわたしたちの欲望や関心にとって「ある」とする徹底した考え方だった。

しかし、このように『存在と時間』を受け取ることは、ハイデガーにとっては不満だろう。じっさいハイデガーにとって、人間存在が「ある」ことのいちばんの根拠ではない。そうではなく、人間も含めあらゆる存在がそこに依存する「存在そのもの」といったものがある。この「存在そのもの」へ思索をめぐらせることが、ハイデガーの意図したところの存在論、いわゆる「存在の形而上学」だ。だから、基本的に『カントと形而上学の問題』もこの「存在の形而上学」の枠組みのなかにある。

だが、『カントと形而上学の問題』は、明らかに『純粋理性批判』の、『存在と時間』の観点からの読みなおしだ。ハイデガー自身が言っているように、これは、『純粋理性批判』を「基礎的存在論の問題」「人間の現存在の形而上学」として解釈する試みなのだ。

とはいえ、やっかいなのは、先ほど見た事情のため、ハイデガーはかなり意図的に「気遣い」という観点を抜いている。そのため、ハイデガーのカント論は、ある意味で謎めいた魅力をもつことになる。この魅力は、カントの構想力の魅力としてあらわれる。

たとえば、ハイデガーは、すでに見たカントのつぎの言葉に注目する。

> 人間の認識には二本の幹がある。それは、おそらくひとつの共通の、しかし私たちには未知の根から生ずるところのもので、すなわち、感性と悟性である。前者によってわれわれに対象が与えられ、後者によってそれが思考されるのである。
>
> ――カント『純粋理性批判』

ハイデガーはこの「未知の根」に注目する。そしてこの根こそ、構想力だというのだ。構想力という根から感性と悟性という幹が生まれている。構想力はなにかとても根源的なものに思えてくる。

さて、カント自身にとって、感性と悟性は、わたしたちがもうそれ以上、その根拠を遡《さかのぼ》れない認識の源泉だった。これらがなにによって生まれるかを問えば、もう物語しかない。ある意味で、感性と悟性の根拠は物自体としか言えないものだった。だから、このふたつの根は「未知」としておかなくてはならなかったのだ。

ハイデガーは、その感性と悟性の先に根源的な構想力がある、と言う。そうなると、いかにも構想力が謎めいて見えてくる。だが、おそらく、ハイデガーにとって、あの「未知の根」の根源的な構想力というのは、気遣いの比喩にすぎない。その点についてつぎに確認しておこう。

時間とは気遣いのことである

『カントと形而上学の問題』でハイデガーは、カントの認識論の分析をとても詳しく膨大にやっている。とはいえ、その『純粋理性批判』の読み直しの中心は、ひとことで言って、「時間性」ということにある。これは重要なポイントだ。

ハイデガーの論点は、おおまかに整理すればつぎのようにいえる。

感性
構想力　→　すべて時間性というところから考え直すことができる
悟性

カント自身、その感性論で、時間はあらゆる経験を可能にする形式だと考えた。また、構想力は悟性のカテゴリーを時間的に展開する能力だった。だから、時間が感性と構想力に関係することはよくわかる。

しかし、ハイデガーは、悟性も時間性から考え直すことができる、と言う。ハイデガーはつぎのように言う。

> […]時間は自己性の可能性の根拠として純粋統覚においてすでに存し、そしてそのようにして心性をはじめて心性たらしめる[…]。
>
> ――ハイデガー『カントと形而上学の問題』

わたしたちの自己（統覚）の根底にも時間がある、とハイデガーは言う。この時間をハイデガーは「純粋自己触発」と言ったりするのだが、いったいこうした解釈を、どう考えたらいいだろうか。

じつは、ハイデガーの言う「時間」とは「気遣い」のことなのだ。『カントと形而上学の問題』での「時間」は、思い切って「気遣い」として読み替えるととてもすっきりする。

たとえば、ハイデガーは『存在と時間』で「自己気遣いというのは同語反復である」と言っている。ようするに、自己というのはそもそも気遣い（自己に対する欲望や関心＝自己触発）としてある、これが人間存在の本質的なあり方だ、というのがハイデガーの意見なのだが、それはこういう意味だ。わたしたちは自分の存在可能（ありうる）に配慮する。これが、わたしたちが「自己」と呼ぶものの根底にあり、また、その自己への欲望や関心に応じて、事物はその意味をあらわす。いわば、気遣いというものが、自己と世界の意味の根底にあるのだ。

たとえば、わたしがこの本を団扇として使うとき、わたしが涼しくなりたいという自己に対する配慮に応じて、この本は団扇としてあらわれている。

では、この気遣いと時間はどのような関係にあるのだろうか。この関係もハイデガーは『存在と時間』で明らかにしている。気遣いは「被投性」と「企投」という時間的な構造をとる。これが時間ということの意味だ、とハイデガーは言う。

ようするにこうだ。わたしたちは、自分の存在に配慮する。これは、たんにかくありうる（存在可能）ということをめざすのではなく、かくあった（被投性＝過去）から、かくありうる（企投＝未来）という時間的な広がりをもつ配慮としてある。

わたしたちは、自分の存在に気遣いをもつが、その気遣いは、いままで自分はどうあったか、これから自分はどうするか、という時間的なあり方をかならずとる。

気遣い＝時間性とは、実存の本質契機なのだ。

『純粋理性批判』のハイデガー的読み替え

おそらく、ハイデガーは、カントの感性と悟性という枠組みは「気遣い」という観点からよりすっきりできると思ったはずだ。

カントは、もし、人間の認識というものの根拠を問えば、その先に進めば物語になるようなだれにも共通といえるぎりぎりの線は、感性と悟性というふたつの契機しかない、と考えた。だが、ハイデガーは、まだ先にいける、もっと共通の言葉を〈普遍的なもの〉として置くことができる、と考えたはずなのだ。

そもそも、感性は経験をわたしたちにあらわす能力だ。いわば、感性は世界をわたしたちにあらわす。しかし、その世界はなににとってあらわれているだろうか。それはただわたしたちの直観にとってあらわれている、と言うのではまだ足りない。経験はわたしたちの気遣い（欲望や関心）に応じてあらわれる、と言ったほうがより多くの人びとの納得を生むだろう。

では、悟性をどう考えたらいいか。統覚については、それが気遣いのあり方である点をすでに見た。だが、カテゴリーはどうだろうか。カントはカテゴリーをわたしたちにもともとそなわっている概念の枠組みのように考えた。だが、ハイデガーはそうは考えない。というのも、概念もわたしたちにとって「ある」ものだからだ。概念も気遣いに応じてあらわれる。

このように考えれば、カントの置いた感性と悟性という枠組みは、ハイデガーの実存論的な観点から、とてもすっきりさせることができることがわかるだろう。しかも、この読み替えは、認識が対象にしたがうのではなく、対象が認識にしたがう、という主観の哲学のかまえ、カントの人間にとっての哲学のかまえをとてもよく生かすものになっている。

もちろん、ハイデガーは、カントのように気遣いがある装置として認識をつくっているとは考えない。そうではなく、気遣いという概念を置けば、わたしたちがまとまりをもって経験をすること（統覚）、言葉や概念をもっていること（カテゴリー）、自分にとってというかたちで対象があらわれること（感性）、時間性（構想力）といったことの意味が非常に統一的に、しかも、わたしたちの日常の経験に則して理解することができる、と考えるのだ。

ようするに、気遣いは、現象学的に言えば、非常に普遍性の高い、本質的な言葉だと言える。それは、それまで認識論というかたちで展開されていたものを個々人の生の観点から描ききるような役割をはたす、たいへん重要な言葉なのだ。

ちなみに、概念が気遣いに応じてあらわれる、というのは、概念（言葉）が多義的に使われることの根拠でもある。これはけっしてカントのアンチノミーの成果を否定するわけではないけれども、つぎのことが言える。

「世界」は資源という観点からは「有限」と言え、個々の人間が想像する未来の像という観点からは「無限」と言える。だれも可能的な資源の量をすべて知りつくしたわけでもないし、だれも個々の人間が想像することを調べたわけでもない。だが、わたしたちはこういう概念の使い方をする。ひとを困らせようと思って、ひとつの砂の山を指差して、「一は多だ」と言ったりもする。

「世界」は、「有限」とも「無限」ともいえ、「一」を「多」だと言うこともできる。概念（言葉）

は、わたしたちの気遣いに応じて使われる。そしてまた、その概念による整理に納得したり、これはおかしな言い方だと異論をはさむのもわたしたちの気遣い（観点・関心）が根拠になっている。

さて、このように見てみると、ハイデガーが『存在と時間』で提出した気遣い（欲望や関心）という考え方は、とても重要であることがわかる。気遣いは、『純粋理性批判』を読み直すことに有効であるだけでなく、ある意味で、哲学そのものを新しく改めるような力があるのだ。

ハイデガーの「気遣い」は、カントの認識論だけではなく哲学全体を新しく一歩進める力がある根本的なキーワードだ。ところが、じつは、ハイデガーにとって、気遣いは、その先にいけば物語になるぎりぎりのところの原理ではない。さらにその先に、その気遣いを支える「存在そのもの」という根源＝物語がある。この点では、そういう物自体は知りえない、とするカントの形而上学批判のほうが勝っていると言えるだろう。

4　意味と他者——アーレント

物自体をどう考えればいいか

『全体主義の起源』『人間の条件』などでもよく知られ、ハイデガーの影響もうけつつ独自の哲学を展開したハンナ・アーレントは、カントの哲学をとても上手に読み直した哲学者でもある。この読み直しは晩年の『精神の生活』と講義録『カント政治哲学の講義』に見られる。

アーレントのカント解釈の特徴は、ひとことで言えば、カントの三批判書を意味と価値の原理として読み直している点にある。これは、物自体を不可知のものとしてではなく意味として読み、善や美といった価値の本質を他者関係のなかで深められるものとして置いた画期的な解釈だ。ここには、わたしたちがカントの哲学を現代によく生かすうえでは欠かせない原理が含まれている。

わたしたちはまず、アーレントが物自体をどう考えたかを見てみよう。

すでに詳しく見たように、カントは『純粋理性批判』で、物自体を人間の認識の限界を示す限界概念として置いた。不死の魂、自由、神といった対象は物自体の世界に属する。こうした対象は人間の認識の対象ではないのだ。

しかし、物自体が人間の認識の対象でないなら、それについて語ることはほとんど意味のないことではないか、という疑問が起こる。

ここに物自体のわかりにくさ、たとえば、『実践理性批判』の記述のわかりにくさがある。じっさい、わたしたちは『実践理性批判』で、物自体であるはずの魂、自由、神がかなり積極的に語られているところを見た。人間の認識を超えた対象について、どうしてそんなによくわかるのか。これは素朴だが正当なカントに対する疑問だ。

ある意味で、カントがはっきり区別する可想界（物自体の世界）と現象界（経験の世界）は、プラトンの真実在（イデアの世界）とそのあらわれの世界（現実の世界）の二世界論をひきずっている。

しかし、アーレントは、物自体を認識のいちばんの原因、現象をそのあらわれ（結果）、と考える必要はないし、可想界と現象界をまったく別々の世界と考える必要もない、と言う。そのうえで、カントが物自体に属するものとして考えた諸理念はつぎのような重要な意味をもっていると言うのだ。

現象し、〈私にはこう見える〉という仕方で経験的に与えられるものだけが知られうる。しかしながら、思想も「存在し」、またカントが「理念」と呼んでいるある種の思考物、たとえば、神、自由、不死のようなものはけっして経験に与えられないために認識されることのないものだが、我々にとっては存在する。それは、理性がそれらについて考えずにはいられず、人間と精神生活にとって最大の関心事であるという強い意味においていえることである。

——アーレント『精神の生活』

事物も理念も「わたしたちにとって」存在する。神、自由、不死の魂といった物自体に属するとされる対象も、認識の対象ではないが、思考の対象として、わたしたちの最大の関心事としてきちんと存在している。これがアーレントの言いたいことだ。

これは、すべてを「わたしたちにとって」、つまり、わたしたち〈ひとそれぞれ〉の主観にとってあらわれるものとする、カント解釈としてはかなり思い切ったものだ。じっさいは、カントは『純粋理性批判』で物自体は人間の認識にとってはあらわれない、としたのだから。

しかし、アーレントのように考えることで、カントの哲学はとてもよく生きてくる。すべてを「わたしたちにとって」の対象としたうえで、アーレントは、悟性は「真理」を把握し、理性は「意味」を思考する、と言う。事物を主観にとってあらわれる「真理」の領域、神、自由、不死の魂を主観にとってあらわれる「意味」の領域としてみよう、というのだ。

もっとも、大きく言えば、事物の認識も、ヘーゲルやフッサールの言うとおり、わたしたちの意味（言葉）としてあり、あえて、善の問題のみを意味として考える必要はない、とも言えるだろう。しかし、ここでアーレントが、「わたしたちにとって」のあらわれを、現象（悟性の真理）と物自体（理性の意味）を区別したことには理由がある。

たとえば、わたしたちは、事物があるかないか、どんなかたちや色をしているか、それがどう運動するか、といった認識について、だれもがそれを同じように認識することを信じて疑わない。一方、わたしたちはどのように生きるべきか、どんな生き方がほんとうに善いのか、といった問題、生きる意味や目的については、だれもが同じ意見をもっているとはなかなか思えないだろう。だが、まさにこうしたことがらの問題は、アーレントが言うように、「人間と精神生活にとって最大の関心事」としてあるのだ。

ようするに、わたしたちは、共通認識が成立しやすい事物経験の領域と、共通認識がなかなか成立しにくい意味の領域をもっている。だから、カントの現象と物自体、現象界と可想界の区別は、知りうるものと知りえないものの区別としてなにかどこかにふたつの世界がある、と考えるべきではない。この区別は、「わたしたちにとって」、〈ひとそれぞれ〉の主観にとってのあらわれの共通認識が成立しやすい領域（認識の真理の領域）とそれが成立しにくい領域（道徳や善といった意味の領域）の区別と考えればいい。そういう思い切った解釈をアーレントはするのだ。

ここで、物自体の意味あいのちがいをつぎのように整理してみることができる。

『純粋理性批判』では、物自体は、わたしたちの認識を限界づける、という重要な意味をもっていた（図4）。このように物自体を位置づけることで、カントはそれまでの哲学、世界のそのもの

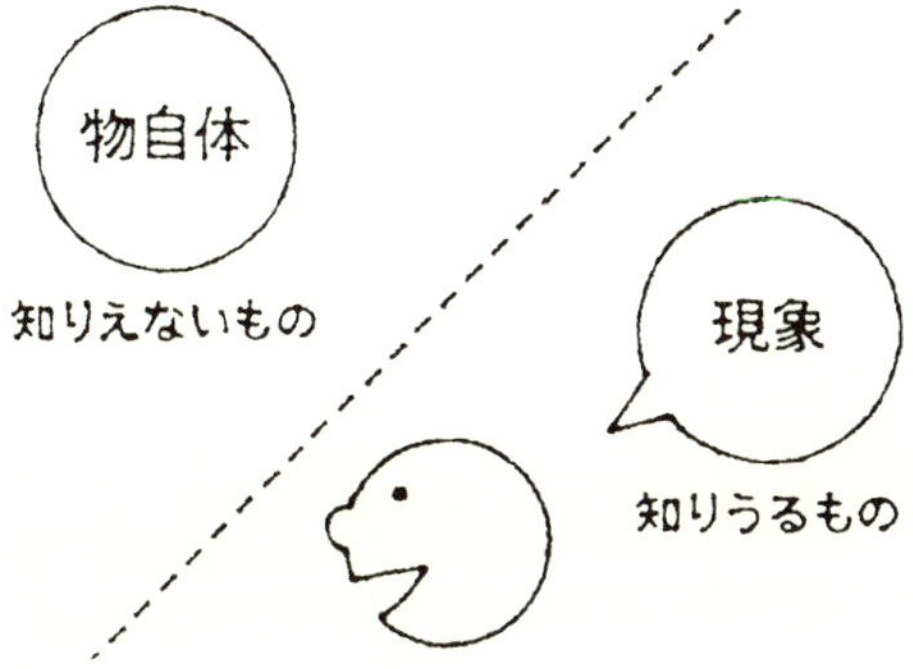

図4

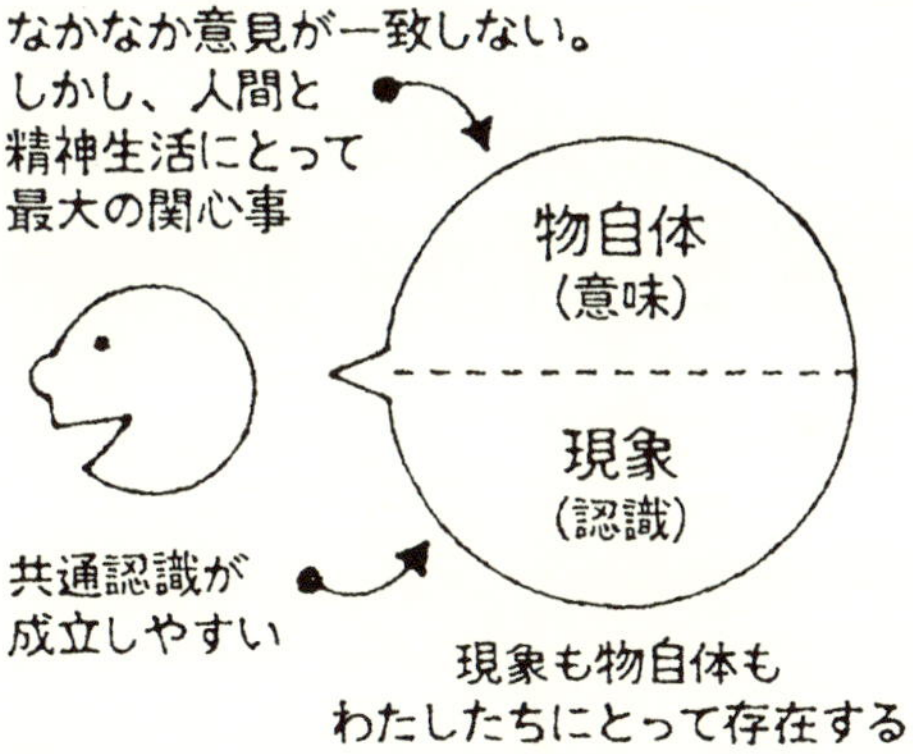

図5

を知り、絶対的な真理の場所に立とうとする考え方のすべてを批判した。人間の認識は有限であって、この意味で、「わたしたちにとって」の領域は現象のみだといえる。

一方、『純粋理性批判』から『実践理性批判』までを含めて、カントの批判哲学を立体的に考えるためには、アーレントのように考えたほうがいい。物自体は、人間の認識を限界づける不可知のものとしてではなく、人間的な意味の領域のことだと考えることができる（図5）。この場合、意味としての物自体は、認識の領域である現象と共に、「わたしたちにとって」の対象となっている。こう考えることで、カントが『実践理性批判』で物自体についても積極的に語る理由がはっきりするのだ。

それどころか、アーレントのように、すべてを、物自体さえも「わたしたちにとって」のあらわれとすることは、真の意味での、カント哲学の方法の徹底だと言える。

わたしたちは、「純粋理性のアンチノミー」を詳しく見ることで、究極的なものを人間は認識できないこと、根源への問いは無効であること、絶対的な真理はありえないことを確認した。だが、カントの物自体や可想界という概念は、『実践理性批判』になると、どこか彼岸にある完全なる世界、最高善の実現するあの世といった、ある絶対的な真理の世界というニュアンスが強い。こうした理念がまた、絶対的な真理へ至ろうとする近代の人間像、真理や客観への欲望の源泉になっている。カントの倫理思想には、絶対的な真理や客観を立てて、権力や暴力が生じることの可能性がまだ残っているのだ。

だから、カントの「純粋理性のアンチノミー」、そして、主観の哲学という方法を徹底するためには、アーレントのように考えたほうがいい。どこにも絶対的な真理の場所はない。この姿勢を徹底するためには、すべてを〈ひとそれぞれ〉、「わたしたちにとって」のあらわれとすることが必要なのだ。

ところで、この〈ひとそれぞれ〉の主観のなかからカントが取りだした〈普遍的なもの〉、善の根拠とは、道徳法則だった。カントはこの法則を数学や幾何学、論理学といったものと同じように、客観性とも言っていいくらいの確実性があると考えた。だが、カントは、ある意味で、国語の問題を算数で解いたようなところがある。アーレントはそのような問題の解き方をしない。

アーレントは、善の問題は、数学や幾何学、論理学の方法では解けず、むしろ、美の問題の解き方に近いというのだ。これがまたカントの考えを現代に生かすとても有効な議論だ。

善の問題を美の問題として解く

わたしたちはすでに、カントが『判断力批判』で善に美の問題を還元した様子を見た。なにが美しいか人びとが議論し、普遍性を求めることができるのも、じつは、美が善の象徴であるからだ。美が普遍性をもつのは、善が普遍的だからだ。これがカントの美の理論だった。

一方、アーレントは、カントによる美の道徳への方向づけ、美の善への回収、という文脈を上手にはずし、美は普遍性をめざして論争できる、とするカントの議論を政治の原理にも応用できると考えた。カントは『実践理性批判』から『判断力批判』を基礎づけた。アーレントは『判断力批判』から『実践理性批判』を基礎づけようとする。カントは美を善として語ったが、いわば、アーレントは善を美として語るのだ。

アーレントの直観はこうだ。カントは善（道徳法則）は数学や幾何学、論理学のような客観的と言っていいくらいの普遍性があると考えた。そして、美はこの善の象徴であるゆえに普遍性を議論できると考えた。だが、こうした考えは誤った前提に立っている。

善はむしろ美と同じように、数学や幾何学、論理学のような高い普遍性を要求できない。善は美と同じくまず主観的な〈ひとそれぞれ〉という性格をもつ。だが、善や美は普遍性を求める。とはいえ、善はそれが論理的な法則だから普遍的なのではなく、美は道徳の象徴だから普遍的なのではない。善の普遍性も美の普遍性も、わたしたちがなにを善い、なにを美しいとするか、そういう問題をめぐって言葉を交わすことのみに根拠がある。

善の普遍性は、あたかも幾何学の問題を解くように、ひとりでじっくり考えれば正しい答えとして見つかるとカントは考えた。ここには議論の必要もない。一方で、カントは美については、その普遍性をめぐって論争が行われるものだと考えた。だが、けっきょくは、その美の普遍性を善の普遍性でもって根拠づけてしまった。

ようするにこうだ。アーレントは、カントが美を善に回収する一歩手前のところ、この論争ということのみに注目する。美は、善という普遍的なものの象徴だから論争されるのではなく、論争されるから普遍的なのだ。そして、善もまた、論争されることで普遍的となる。善と美の普遍性は、それを他者と話し合うことによってのみ確かめられるようなものなのだ。こうした「意味」をめぐって言葉を交わす場面を、アーレントは、「社交性」と呼び、つぎのように説明している。

人間の社交性とは、人間は誰も一人では生きられない、という事実であり、人々は単に欲求と世話においてだけではなく、人間社会以外では機能することがない最高の能力である人間精神においても、相互依存的である。

——アーレント『カント政治哲学の講義』

ここで言われている人間精神とは、善や美といった「意味」、ものごとのよし・あしといった価値を問題にする精神だと考えればいい。こうした領域の普遍性は、わたしたちが話し合い、言葉を交わすことだけでしか得られない。わたしたちはそういう意味で相互依存的なのだ。

ここまで見てくると、アーレントはカントの善や美の理論の抱える問題をきれいにクリアして、カントの打ち立てた哲学の原理を先に進めるような試みを行っていることがわかる。

カントは「純粋理性のアンチノミー」で、だれも真理の立場に立つことはできない、ということを徹底的に証明した。そのうえで、〈ひとそれぞれ〉の主観のなかから普遍性を取りだせる、と考えた。アーレントはここにひとこときちんとつけ加える。この普遍性とは他者と言葉を交わすなかでしか確かめられない、と。

まず、自分で普遍的だと思うことを言葉にしてみること。そしてそれを他者と交換してみること。そうすることで、お互いの言葉を鍛え合うこと。こうすること以外、だれも真理の立場に立つことのできない社会では、意味や価値の根拠はない。

そもそも、社交性とは、たとえば、ジンメルがそう考えているように、自由を手に入れたと同時に孤独も手にした近代の都会に住む人びとのコミュニケーションのあり方の本質だと言える。現代のわたしたちは、〈ひとそれぞれ〉の時代に生きている。だれも真理の場所に立てないこの時代だからこそ、アーレントがカントの読みで示したように、すべてを「わたしたちにとって」、〈ひとそれぞれ〉の主観のあらわれであることを土台にして、そこからなにが普遍的かをお互いに交換し合うことの意味がある。このような言葉の営みにはまた、わたしたちの孤独を解く可能性もあるはずだ。

そして、言葉を交わすことを通じて、この世界に自分だけでなく多くのひとの納得できる善や美がある、さまざまな価値あるよいものがある、という確信が深まることは、おそらく、この世界を信じられることに通じているはずだ。

終章

世界を信じるために

現代社会のアンチノミー

わたしは世界を信じることができるか。これが、この最後の章のテーマだ。ここでまず、ひとつのアンチノミーを挙げてみよう。

正命題　わたしはかくありうる。
反対命題　わたしはこうでしかありえない。

これはカントの第三アンチノミー（自由をめぐるアンチノミー）を、ハイデガーの実存をめぐるふたつの契機、企投と被投性を加えてアレンジしたものだ。

近代を通じて、人間は〈ひとそれぞれ〉に考える自由だけでなく、〈ひとそれぞれ〉に自分の人生を追求できる自由の可能性を得た。その自由の意識（わたしはかくありうる）の誕生とともに、必然の意識（わたしはこうでしかありえない）も際立ってくる。

こうした意識ははじめ、デカルトの心身二元論として象徴的にあらわれた。心（意志）は自由なのに身体（情念）は統御不可能で自由にならない。これはわたしたちの自由の意識と自由にならない生の条件のさいしょの対立の構図だと考えればいい。

これ以降、哲学は自由と自由にならない生の条件をめぐって展開していく。自由と必然、無限性と有限性、可能性と必然性、理想と現実、自己と他者、そして、実存と社会。こうした二元論は自由を自覚した哲学の根本形式だといえる。

現代、わたしたちもまた、このアンチノミー的な対立のなかに生きている。ほんとうは、正命題と反対命題はどちらか一方で成り立つわけではなく、ふたつは表裏の関係にあるはずだ。だが、そのバランスが失われているのが現代的な問題のかたちだろう。

自由な社会とされるこの社会に生み落とされるわたしたちは、幼いころには、「あなたはなにになりうる」と教えられる（正命題）。だが、こうした全能感をそのままに生きることはできない。全能感にはすぐに、才能という有限性、他者という現実、社会という必然が抵抗してくる。こんどは逆に、わたしはこうでしかありえない、という意識が自分を支配するようになる（反対命題）。わたしはかくありうる、という意識をまったくもてなければ、この世界を信じることができなくなる。

人類の営みは、こうでしかありえない、という生の条件をさまざまなかたちで改善してきた。自然は、どうにもならない恐れの対象から、少しでも予測可能で人間にとって自由に利用できる対象となってきた。それにもかかわらず、自然はなお、人間にとってどうにもならない有限性をもっている。社会もまた、かつてに比べたらより多くの自由を実現する選択肢が確保されるようになった。にもかかわらず、わたしたち一人ひとりはこうでしかありえない自分を抱えている。

おそらく、どんなに社会が改善され、自由の可能性が増えたとしても、わたしたちはこうでしかありえないという現実に出合うことになるだろう。

こうでしかありえない、という現実が際立ったとしても、それでも、かくありうる、という可能性が見いだせれば、ひとは少しでもこの世界を信じることができるだろう。この世界には、世界はもっとよくなりうる、自分はこの世界でもっとよく生きうる、といった意味が必要なのだ。

カントはこうした意味のことを「必然的な存在者」と呼んだ。この「必然的な存在者」こそ、残された最後のアンチノミー、第四アンチノミーのテーマだ。

カントにとっての信じること

ここでもういちど、第四アンチノミーを示そう。

正命題　世界には、その部分として、さもなければ、その原因として、必然的な存在者が属している。

反対命題　必然的な存在者などというものは、世界の内にも外にも、世界の原因としてどこにも実在してはいない。

このアンチノミーは、世界の必然性ということを問題にしている。「必然的な存在者」とは、この世界がいまこうしてあることの存在理由、世界の意味にあたる。たとえば、いま自分が苦しい状況にいるとして、このように自分を苦しめ悩ませるこの世界は、いったいどういう存在理由があるのか。こうした問いにこのアンチノミーは深くかかわっている。

これは宗教的な問いと答えとも言えるかもしれない。この苦しい世界は神の試練として与えられている、という理由（必然性）があれば、ひとはその苦しみに耐えられるからだ。もし、その理由がはっきりしなければ、ひとはまったく無意味に偶然的に苦しんでいることになるだろう。この世界に生きる意味はない、ということになるからだ。じっさい、宗教は、世界がいまこうしてあることの必然性を説明し、苦しみの理由を与え、人びとに生きる意味を与えてきたと言える。だから、第四アンチノミーはわたしたちがこの世界に生きる意味とかかわっているのだ。

『純粋理性批判』でのカントのこのアンチノミーに対する解決の仕方は、ほぼ第三アンチノミーと同じだ。カントは必然的なものは物自体の世界に存在し、現象にあらわれるものは自然科学の原理に貫かれていると考える。

ようするに、わたしたちの生きる意味を支える世界の必然性は、ただ、物自体の世界に属することがらで、これについて理性は、ただそうしたものを想定できるだけ、ということになる。

だが、この世界の必然性、わたしたちの生きる意味はどこにあるのだろうか。カントがそれに答えるのは『判断力批判』の最終部分だ。

たとえば、カントは「神は存在しない」「来世も存在しない」と固く信じる「誠実なひと」という人物を登場させる。この人物は、道徳法則にしたがいひたすら善を求め行為する。しかし、彼には自分の善き行為がこの世界を善くすることにつながるかどうかがわからない。自分の善き行為が他人に認められることもない。自分と同じく善い行為をしている誠実なひとが幸せになっているかといえば、とうていそうは言えない。カントはこのありさまをつぎのように描いている。

たとえ彼自身は正直であり、平和を愛し、善意をもっていても、欺瞞、暴力的な力、嫉妬は依然として彼の周囲に横行するだろう。また彼が自分の他に見出すであろう誠実なひとたちは、幸福を享受するのに十分に値するにもかかわらず、そうしたことは頓着しない自然によって、地上における他のすべての動物と等しく、欠乏や疫病や早死などあらゆる災禍を蒙っている。このことは、墓穴が彼らのすべてを（正直も不正直も墓場では平等である）呑みつくし、自分が創造の究極目的であることを信じえた彼らを、彼らがそこから引き出された物質の無目的な混沌の深淵へ投げ戻すまで続くだろう。

——カント『判断力批判』

これはとても悲しい状態だ。ほとんどニヒリズムと言っていい状態だろう。この誠実なひと（たち）は善いひと（たち）だ。しかし、善き行為をしたところでこの世でいいことなどなにもない。神も来世も信じない彼（ら）は、死んで土に還るまで、この世の苦悩を味わうだけにすぎない。これでは、善いことなんてなんの意味もない、ということになる。

だから、カントは、どんなに自分の善き行為が報われなくても、神がいてこの世界を道徳的完成に向けて進めているという信（信仰）があれば、その善きひとは世界の全体的善に貢献していると確信でき、その人生を肯定できるはず、とした。

しかし、こうした道徳的人間像は多くの批判にさらされることになる。

道徳的人間像への批判

カントに対する批判としては、やはりヘーゲルをとりあげなくてはならない。ヘーゲルは『精神現象学』で多くの紙面を割き、「ずらかし（Verstellung）」というキーワードでもってカントの道徳論を批判している。ずらかしとは、ねじまげ、錯誤した考えを意味する。ここでヘーゲルはカントの道徳論に対してつぎのように批判している。


すなわち、その関心事となっているのは道徳性ではなくして、道徳性とは関係のない全くそれ自身における幸福である。

――――ヘーゲル『精神現象学』

カントは幸福と道徳とを対立的に考えた。「徳福一致のアンチノミー」では、幸福を求める行為からは道徳性は生まれず、あくまでも道徳性を求める行為が幸福に値するかどうかを問うべき、とカントは考えたのだった。

しかし、ヘーゲルはこれを裏読みする。そもそも、道徳的行為をすることと幸福とを別ものにすることがおかしい。善き行為をすることにはかならず幸福への希望も含まれているはずだ。カントは幸福を求める心からは道徳は生まれないとしたが、道徳を求める心が幸福になれるかどうかを問うているところを見ると、やはりカントも幸福が気になっているはずだ。

続けて、ヘーゲルは、カントの道徳論は「嫉妬が道徳性をもって偽装の手段としている」と言う。カントの道徳には、道徳的なひとが不幸なのに道徳的でないひとが幸せであるとはフェアでない、という真面目な人間からの嫉妬がある。

確かに、カントが提出した徳福一致の問題は、たとえば、自分はこんなに善いことをしているのにどうして幸せになれないんだろう、という気持ちに根ざしている。ひとはこのように思うとき、まわりの人間と自分とを比較している。このとき、まわりを見渡すと、自分よりそれほどまじめそうに見えない人間がたのしくやっていたりする。同時に、自分にとってはこのたのしくやっている人間が妬ましく思える。

ここで、問題となっているのは、もはや自分がどのように道徳的に、誠実に生きるかではなく、自分もあいつのようにたのしくやりたい、幸せになりたい、ということだ。だから、善き行為が幸福に値するかどうか、というカントの問いには嫉妬、言い換えれば、ルサンチマンの感情が入っていると言っていいかもしれない。

ヘーゲルと同様、カントの道徳論を厳しく批判したのはニーチェだった。ニーチェにとって、カントの道徳哲学はキリスト教道徳の焼き直しにすぎない。ニーチェは、キリスト教の起源をユダヤ人（被支配民族）のローマ人（支配民族）に対する妬み＝ルサンチマンに求め、キリスト教道徳の本質をルサンチマンから生まれたゆがんだ価値評価とした。ニーチェの描くキリスト教道徳の生まれた道筋はつぎのようなものだ。

ユダヤ人は、被支配階級であるため、支配階級であるローマ人のように力づよく、能動的に生をたのしみ、自己肯定的であることがなかなかできない。そこで、ローマ人に対して恨みや妬みを抱く。ユダヤ人はこのルサンチマンから、強い者は「悪い」、強くないわたしは「善い」、という屈折した価値評価をつくりだすことになる。

この価値の転換はさらに屈折の度合いを深め、「貧しき者こそ幸いなり」という言葉に代表されるような、弱いこと、欲望を否定すること、現実の生をたのしまないことこそ「善い」とする価値評価が生まれ、最終的に、キリスト教の原罪の考え方、禁欲主義、現世否定主義につながっていった。

カントの道徳哲学は、人間の自然な欲望に対立するように道徳法則を立て、道徳的に善き行為をする者は現世において幸福になることはできず、来世において神によって祝福されるとする。ここには、キリスト教における欲望の否定、現世否定主義と共通するようなものを見ることもできる。だから、ニーチェがカントの道徳哲学をキリスト教道徳の焼き直しと批判するのもよくわかる。

ところで、嫉妬にしろ、ルサンチマンにしろ、そのいちばん大きな問題は、攻撃性という点にある。たとえば、嫉妬は自分よりたのしんでいる他者を攻撃することがあるだろう。また、ニーチェによれば、ルサンチマンの攻撃性は、最初は他者に向かうが、たとえば、キリスト教における原罪性のように、自分自身の存在や自分が自然な欲望をもつことに対する罪の意識といったかたちで自分自身にも向くようになる。だから、嫉妬やルサンチマンは、他者との関係や自分自身を否定する大きな要因となるのだ。

攻撃性を解除する方法

わたしたちのこうでしかありえない、という意識が際立ってくると他者にも自分自身にも攻撃性が向けられる。たのしんでいる連中は悪い人間たちだ。自分はなにをやっても報われない呪われた人間だ。こうした攻撃性を解除するためにも、この世界を信じるための原理が必要だ。カントの道徳論は、そこに嫉妬の感情を裏読みすることもできるし、ルサンチマンに根ざしたキリスト教道徳の焼き直しと見ることもできる。

しかし、カントはぎりぎりのところで、他者との関係や自分自身を否定する攻撃的な嫉妬やルサンチマンを解除するような方法を探っていたように思える。それが信仰だったと思われるのだ。

先ほど見た「誠実なひと」の話を思いだしてほしい。彼は、善き行為を、それこそ誠実に行うひとだ。しかし、彼の目には現実世界は不正、災禍、苦しみに満ちたものに映っている。おそらく彼はこのままだと善き行為をすることの意味を失うだろう。さして道徳的志の高くないように見える他者が生を享受しているのを攻撃するかもしれないし、どうせなにをやっても無駄だと自暴自棄になるかもしれない。

しかし、カントは、そうした彼にこそ、神が存在し、この世界を道徳的完成に向けているという信仰が必要だとする。そうすることで、一見まったく無駄に思える彼の善行も意味をもつとするのだ。

これはいったいどういうことだろうか。カントは「信」について、つぎのように説明している。

我々が純粋な実践理性を義務にしたがって使用する（帰結としてにせよ、あるいは理由としてにせよ）場合に、かかる使用に関してア・プリオリに考えられねばならぬ対象がある、しかしかかる対象は、理性の理論的使用にとっては超絶的なものである、それだからこのような対象は単に信に属するものである。世界における最高の善、すなわち自由によって生じるところの善はかかるたぐいのものである。世界における善の概念の客観的実在性は、およそ我々に可能な限りの経験においては、従ってまた理性の理論的使用に対しては十分に証明されうるものではない、しかし、それにもかかわらずこの概念の使用は、究極目的を最善の仕方で実現するために純粋な実践理性によって命令されているのであり、従ってまた可能とみなされなくてはならない。

——カント『判断力批判』

カントは実践的な理性の使用、つまり、道徳法則にしたがって善き行為をする場合には、それを認識できず、証明できなくても、それでも「世界における最高の善」を信じなくてはならない、としている。この信の対象は認識することはできない。ほんとうに世界が道徳的完成＝最高善の状態を実現するかわからない。しかし、ひとが自由＝道徳的に行為する場合には、なんとしてもそれを信じなくてはならないのだ。そして、この信がなければ、自分の行為は無意味になってしまうし、他者を恨むことがあるかもしれない。そして、この世界を意味あるものとして信じることができなくなるだろう。

生きる意味

カントにとって、ほんとうの生き方はひとつ、道徳的な生き方だった。神を信じ、世界を意味あるものと信じることができるのは、善きことを意志するひとたちだけだった。だが、思いきってカントの信の理論から道徳の枠組みをはずして考えれば、ここでは非常にシンプルなことが言われていることがわかる。

この「信」で言われていることは、一人の人間がこの世界で生きるうえで、「この世界がよい方向に向かっている」という「信」があることは非常に重要だ、ということだ。

ここで「よい方向」を「よい」とひらがなにしてみた。この「よい」には社会が「善い」方向に向かうという「よい」もあるだろうし、もっとたくさんのひとと「よい」つながりができるという意味もあるだろう。芸術、アニメやマンガといった文化のなかで「よい」作品が生まれる、つぎがたのしみだ、という享受への期待もあるだろうし、たくさん働いて認められてお金もたくさんもらってどんどん豊かになっていくぞ、あるいは、はたらく時間とお金を減らしてどんどん好きなことやるぞ、という「よい」生活への期待だったりもするだろう。来週末また友達と騒ぐぞ、という

「よい」もありうる。「よい」の方向はいろいろあっていいはずだ。

だが、重要なのは、この世界への「よい」という意味での「信」がなければ、ひとは生きる意味を失い、場合によっては、他者関係や自分自身をだめにする可能性があるということだ。逆に言えば、この「信」さえあれば、ひとはそれこそ「よく」生きることができるはずだ。

もちろん、この「よい」方向への信は、他者と共に深め合うことだってできる。仕事やサークルをより「よい」方向にもっていくためにはどうすればいいか、と話し合うことでさらに「よい」方向が信じられるようにもなる。「よい」作品をめぐってひとと話し合ううちに自分の「よい」作品に対する感度が深まり、毎週のこの話し合い自体がたのしみになり、今後の「よい」話し合いを期待するようになる。ようするに、この世界への「よい」意味での「信」は深まったり新しいものに変わったりするのだ。

道徳的な生き方がわたしたちの唯一の生き方ではないように、「信」も、神や彼岸を信じる、ということのみを意味していない。というより、カントの信仰の理論は、神や彼岸を信じることが第一ではなく、ある道徳的なひとが、この現実の世界と自分の生き方とを、どんなに苦しいことがあっても、それでも「よい」と信じられるために神や彼岸を信じる、という理屈になっている。

問題は、この世界を信じられるかどうか、ということなのだ。

この世界を信じるためには

わたしたち一人ひとりが獲得した考える力、第二の火は、ある不幸な運命をもった。それは真理の立場をうち立てることによって〈ひとそれぞれ〉の問題を解く独断の言葉と、〈ひとそれぞれ〉を徹底する懐疑の言葉というふたつの方向へと向かった。いずれの方向にも未来はない、ということが、カントの徹底的な批判によって明らかにされた（『純粋理性のアンチノミー』）。

考える力を生かす方法は、〈ひとそれぞれ〉の主観のなかから〈普遍的なもの〉を取りだし、言葉にする道しか残されていない。カントはこの方法を実践してみせた。その取りだしが、数学、幾何学、論理学を前提にしたものであったこと、その前提をモデルに道徳を基礎づけようとしたこと、美を道徳に還元しようとしたことは、じつはカントの哲学の小さなマイナス点にすぎない。カントのこの方法自体はまちがってはいないのだ。

だれも真理の立場に立つことはできない。すべては〈ひとそれぞれ〉という感覚が熟したこの時代だからこそ、カントの主観の哲学の方法には意味がある。

だが、〈ひとそれぞれ〉の主観のなかから〈普遍的なもの〉を取りだし、言葉にする、という営みはどのような意味をもっているのだろうか。それはわたしたちがこの世界を信じることができるための、ひとつの大きな条件となっている。

たとえば、アーレントが『判断力批判』からそう汲みとったように、だれも真理の立場に立つことができない時代には、なにが善でなにが善でないかはわたしたちが言葉を交わすことでしかつくりだせない。そして、言葉を交わすことでこの世界は善い方向に向かっている、この世界には美しいものがある、という確信が一人ひとりのうちに深まることは、この世界を悪いものではないと、自分はまだこの世界に生きていていい、と信じることができる条件になるはずだ。

また、おそらく善や美だけではない。善や美といったおおよそこの世界の既存の価値にまったく触れられないひともいる。それでも、そのひとがこの世界を肯定できる条件にはどういうものがあるか、とわたしたちはお互いに言葉を交わすことができる。そこからまた新しい価値や生き方が信じられるようになるかもしれない。

だれも真理の立場に立つことのできない社会では、価値の根拠は〈ひとそれぞれ〉の主観であるわたしたちの言葉の活動に担われている。もちろん、そういう語り合いがめんどくさいこともある。だが、そういうめんどくささをわたしたちは語り合うこともできる。そのめんどくささがはっきりすれば、わたしたちが進んで語り合うようになれる条件も見つかるはずだ。

だれもがみな〈ひとそれぞれ〉の主観の場所でしかものを言うことはできない。だが、善であれ、美であれ、また、現代の生き難さやめんどくささというテーマであれ、わたしたちは言葉を交わすことによって、自分のなかの確かさが豊かになる。また、すぐれた意見に深く納得して、自分のなかでそれまで〈普遍的なもの〉と考えたものを改め、新しい〈普遍的なもの〉を手に入れることもある。こうした言葉の営みには、この世界をよいものである、と信じることができる力があるはずだ。

おそらく、哲学の営みには、この世界を信じるための言葉、というアイデアが欠けていた。カントがすでに純粋理性のアンチノミーで示したように、哲学には、これまで、独断的な真理の言葉と懐疑的な反真理のつぎの言葉しかなかったと言える。だが、カントがはっきり示したことは、言葉の世界に関する次のルールだ。

だれも真理の立場に立つことはできない
〈ひとそれぞれ〉の主観を足場にする
〈ひとそれぞれ〉の主観のなかから〈普遍的なもの〉を取りだす
この〈普遍的なもの〉は絶対的な真理を言い渡すものではない

この言葉の営みの目的は、世界の真理をめざすことでもなく、それを否定することにあるのでもない。いったいどういう条件があればわたしたちは世界を信じることができるのか、と言葉を交わし合うことにあるはずだ。

もちろん、これは微妙なバランスの上で成り立つ言葉の営みであることも確かだ。一方で真理を強弁する者がまたあらわれると、他方でそれを徹底的に否定する者がまたあらわれる。だが、わたしたちが手に入れた考える力という火を絶やさないためには、そして世界を信じるためには、この「わたし」から「世界」を考える方法から出発するしかない。カントの哲学はそういうことを教えてくれる。

【参考文献】

石川文康『カント入門』（ちくま新書、一九九五年）
石川文康『カントはこう考えた――人はなぜ「なぜ」と問うのか』（筑摩書房、一九九八年）
岩崎武雄『カント』（勁草書房、一九五八年）
岩崎武雄『カント「純粋理性批判」の研究』（勁草書房、一九六五年）
笠井潔『テロルの現象学』（ちくま学芸文庫、一九九三年）
北村透谷『北村透谷選集』（岩波文庫、一九七〇年）
黒崎政男『カント「純粋理性批判」入門』（講談社選書メチエ、二〇〇〇年）
小阪修平著／ひさうちみちお画『イラスト西洋哲学史』（ＪＩＣＣ出版局、一九八四年）
坂部恵『理性の不安――カント哲学の生成と構造』（勁草書房、一九七六年）
坂部恵『カント』（講談社学術文庫、二〇〇一年）
高峯一愚『カント純粋理性批判入門』（論創社、一九七九年）
高峯一愚『カント講義』（論創社、一九八二年）
高峯一愚『カント実践理性批判解説』（論創社、一九八五年）
高峯一愚『カント判断力批判注釈』（論創社、一九九〇年）
竹田青嗣『現象学入門』（ＮＨＫブックス、一九八九年）
竹田青嗣『自分を知るための哲学入門』（筑摩書房、一九九〇年）
中島義道『時間と自由――カント会釈の冒険』（講談社学術文庫、一九九九年）
中島義道『カントの読み方』（ちくま新書、二〇〇八年）
浜田義文『若きカントの思想形成』（勁草書房、一九六七年）
廣松渉／加藤尚武／坂部恵他編『講座　ドイツ観念論　１　ドイツ観念論前史』（弘文堂、一九九〇年）
廣松渉／加藤尚武／坂部恵他編『講座　ドイツ観念論　２　カント哲学の現代性』（弘文堂、一九九〇年）

牧野英二／中島義道／大橋容一郎編『カント――現代思想としての批判哲学』（情況出版、一九九四年）
吉本隆明『言語にとって美とはなにか』（角川ソフィア文庫、二〇〇一年、二分冊）
渡邊二郎『芸術の哲学』（ちくま学芸文庫、一九九八年）
渡邊二郎『はじめて学ぶ哲学』（ちくま学芸文庫、二〇〇五年）
『カント事典』（弘文堂、一九九七年）

アイスキュロス「縛られたプロメテウス」（呉茂一訳、『ギリシア悲劇Ⅰ　アイスキュロス』、ちくま学芸文庫、一九八五年所収）
アーレント『精神の生活』（佐藤和夫訳、岩波書店、一九九四－九五年、二分冊）
アーレント『カント政治哲学の講義』（浜田義文監訳、法政大学出版局、一九八七年）
エンゲルス「カール・マルクス葬送の辞」（寺沢恒信／山本二三丸訳、『空想から科学への社会主義の発展』、国民文庫、一九五三年所収）
カッシーラー『カントの生涯と学説』（門脇卓爾／高橋昭二／浜田義文監修、みすず書房、一九八六年）
カント『純粋理性批判』（原佑訳／渡邊二郎補訂、平凡社ライブラリー、二〇〇五年、三分冊）
カント『実践理性批判』（波多野精一／宮本和吉訳、岩波文庫、一九七九年）
カント『判断力批判』（篠田英雄訳、岩波文庫、一九六四年、二分冊）
ジンメル『社会学の根本問題――個人と社会』（清水幾太郎訳、岩波文庫、一九七九年）
スタンダール『恋愛論』（大岡昇平訳、新潮文庫、一九七〇年）
スピノザ「エティカ」（工藤喜作／斎藤博訳、『世界の名著　三〇　スピノザ／ライプニッツ』、中央公論社、一九八〇年所収）
デカルト「方法序説」（野田又夫訳、『世界の名著　二七　デカルト』、中央公論社、一九七八年所収）
デカルト「省察」（井上庄七／森啓訳、『世界の名著　二七　デカルト』、中央公論社、一九七八年所収）
ドゥルーズ＝ガタリ『千のプラトー――資本主義と分裂症』（宇野邦一／豊崎光一訳、河出書房新社、一九九四年）
ニーチェ『悲劇の誕生』（塩谷竹男訳、ちくま学芸文庫、一九九三年）

ニーチェ『ツァラトゥストラはこう言った』(氷上英廣訳、岩波文庫、一九六七-七〇年、二分冊)
ニーチェ『道徳の系譜』(木場深定訳、岩波文庫、一九五〇年)
ニーチェ『権力への意志』(原佑訳、ちくま学芸文庫、一九九三年、二分冊)
ハイデガー『存在と時間』(原佑/渡邊二郎訳、中公クラシックス、二〇〇三年、三分冊)
ハイデガー『カントと形而上学の問題』(門脇卓爾訳、創文社、二〇〇三年)
ヒューム『人性論』(大槻春彦訳、岩波文庫、一九四八-一九五二年、四分冊)
ヒューム『人間知性の研究・情念論』(渡部峻明訳、哲書房、一九九〇年)
フッサール『イデーンI――純粋現象学と現象学的哲学のための諸構』(渡邊二郎訳、みすず書房、一九七九-八四年、二分冊)
フッサール『ヨーロッパ諸学の危機と超越論的現象学』(細谷恒夫/木田元訳、中公文庫、一九九五年)
プラトン『パイドロス』(藤沢令夫訳、岩波文庫、一九六七年)
ヘーゲル『精神現象学』(樫山欽四郎訳、平凡社ライブラリー、一九九七年、二分冊)
ヘーゲル『精神の現象学』(金子武蔵訳、岩波書店、一九七一-七九年、二分冊)
ライプニッツ「モナドロジー」(清水富雄/竹田篤司訳、『世界の名著　三〇　スピノザ/ライプニッツ』、中央公論社、一九八〇年所収)
ライプニッツ『人間知性新論』(米山優訳、みすず書房、一九八七年)
リオタール『ポスト・モダンの条件――知・社会・言語ゲーム』(小林康夫訳、水声社、一九八六年)
ロック『人間知性論』(大槻春彦訳、岩波文庫、一九七二-七七年、四分冊)

あとがき

この本はわたしの「自由のアンチノミー」という博士論文（明治学院大学国際学研究科）をもとにしている。これは、カントのアンチノミーの枠組みをもとにドイツ観念論から現代思想までを批判的に読み解く、という試みだった。

だが、論文がこの本に仕上がるまでには三年という長い時間がかかってしまった。多くのひとに向けて、カントの哲学をどう伝えるか。この点にはかなり苦労することになった。

最初は、わたしの青春物語やサブカルチャーからの引用も交えて、文体もやわらかい方向で書いていた。しかし、わたし自身の力不足もあり、こうした書き方でカントの哲学を語ることをあきらめることになった。

書き方の方向を見失ったこともあり、わたしは、『純粋理性批判』の細かい読解に入り込んでいった。原稿は研究書のような趣になってしまった。

けっきょく、〈ひとそれぞれ〉という観点を置き、三批判書を大づかみにまとめ、カントの哲学の現代的な意味を探る、という方向を見いだしたのは今年に入ってからのことだった。

議論もまだまだ粗く、まだまだ展開できる部分があり、書き方もまだ硬い、という後悔はある。もとの論文での議論もほとんどどこかにいってしまった。

けれども、この本の方向性自体には、現代的な意味があると思っている。〈ひとそれぞれ〉の時代は今後も長く続くだろう。だから、カントのアンチノミーと主観の哲学という方法は、ほとんど永遠といってもいいくらいの価値がある。

だれも絶対的な真理の立場に立つことはできないこと。〈ひとそれぞれ〉の主観のままで、「わたし」から「世界」を考えること。つまり、自分のなかからどれだけ多くのひとの納得を生むような言葉をつくりだせるか、そういう〈普遍性〉をめざす努力をすること。そして、この努力を他者と共に交換し、より多くのひとの納得を生むような言葉に鍛えること。このような方法でのみ、「善悪や美の感覚をわたしは自分ひとりだけでもっているのではない」という確信が深められる。

わたしたちはいつまでも〈ひとそれぞれ〉の主観でしかありえない。にもかかわらず、この世界に善や美があることを確信できることは、この世界をよいものだと信じられることにかならず通じているはずだ。

不安とエロスがわたしたちのあらゆる営みの動機であるように、考える営み、言葉の営みは、必要と愉しさというふたつの意味をもつ。自分で考えて言葉で表現し、それを他者と交換することで、不安や心配が解消され、生きるうえでの問題が解決されることは、この世界を信じられることのひとつの条件といえる。しかしまた、他者と共に考え、言葉を交わすことが愉しければ、さらにいいはずだ。おそらくここに、世界を信じられる条件としての文化の意味がある。

人類は第二の火として自分で考える力を、〈ひとそれぞれ〉のものとして手に入れた。第一の火である文明がそうであるように、考える力はさまざまな矛盾を生みだした。だが、わたしたちはこの力を、必要としても愉しさとしても、よい意味で利用すべき時期にそろそろ来ているのではないだろうか。

しかし、大きな話はもうよそうと思う。あとはわたしたち一人ひとりの〈ひとそれぞれ〉の思考と言葉の実践にかかっているのだから。


この本は多くの方のご助力なくしては仕上がらなかった。これまでご指導いただいた多くの先生方に、そしてとりわけ、竹田青嗣先生の長年にわたる学恩に、心より感謝の気持ちを申し上げたい。竹田先生からは、この本についても多くの有益なアドバイスをいただいた。偶然にも、ここ数年間はお互いにカントと格闘することになった。先生の格闘の成果である近著、『完全読解　カント「純粋理性批判」』（講談社選書メチエ）は、カント精読のための新しいスタンダードになるだろう。

竹田先生と共にわたしの博士論文の審査に加わっていただいた渡邊二郎先生にも深く感謝を申し上げたい。渡邊先生からはこの本について激励の言葉をいただいたが、まことに残念ながら昨年ご逝去され、読んでいただくことが叶わなかった。渡邊先生には心よりご冥福をお祈り申し上げたい。

職場の同僚のみなさん、研究会のみなさん、そして、学生のみんなからも多くの励ましとアドバイスを受けた。わたしの主宰で東京の高円寺で行われているヨーロッパ思想研究会（略称、ヨロ思研）の友人たちも含め、みなさんに感謝したい。

最後に、本書を読みすてきな表紙を描いてくださった榎本俊二さん、写真撮影にかかわっていただいた辰野充さん、天達健太郎さん、最初に編集を担当してくださった向坂好生さん、向坂さんからわたしをひきつぎ、熱いご指導と共に見守ってくださった井本光俊さん、黒島香保理さんに心より感謝を申し上げる。

石川輝吉

二〇〇九年五月

石川輝吉——いしかわ・てるきち

●1971年、静岡県生まれ。英国エジンバラ大学哲学部修士課程修了（MSc by Research in Philosophy）。明治学院大学国際学研究科博士後期課程修了（国際学博士）。現在、桜美林大学、東京医科大学、早稲田大学非常勤講師。

●単著に『ニーチェはこう考えた』（筑摩書房）。共著に『はじめての哲学史』（有斐閣）、『知識ゼロからの哲学入門』（幻冬舎）、『哲学がわかる本』（学研パブリッシング）、『現象学とは何か』（河出書房新社）など。

NHKブックス［1137］

カント 信じるための哲学　「わたし」から「世界」を考える

2009年6月30日　第1刷発行
2022年4月30日　第2刷発行

著　者　石川輝吉

発行者　土井成紀

発行所　NHK出版

東京都渋谷区宇田川町41－1　郵便番号　150－8081
電話　0570－009－321（問い合わせ）　0570－000－321（注文）
ホームページ　https://www.nhk-book.co.jp
振替 00110－1－49701
［印刷］三秀舎　［製本］藤田製本　［装幀］倉田明典

落丁本・乱丁本はお取り替えいたします。
定価はカバーに表示してあります。
ISBN978-4-14-091137-2 C1310

NHK BOOKS

＊宗教・哲学・思想

仏像［完全版］―心とかたち― 望月信成／佐和隆研／梅原 猛
原始仏教―その思想と生活― 中村 元
がんばれ仏教！―お寺ルネサンスの時代― 上田紀行
目覚めよ仏教！―ダライ・ラマとの対話― 上田紀行
ブータン仏教から見た日本仏教 今枝由郎
人類は「宗教」に勝てるか―一神教文明の終焉― 町田宗鳳
現象学入門 竹田青嗣
哲学とは何か 竹田青嗣
ヘーゲル・大人のなりかた 西 研
東京から考える―格差・郊外・ナショナリズム― 東 浩紀／北田暁大
日本的想像力の未来―クール・ジャパノロジーの可能性― 東 浩紀編
ジンメル・つながりの哲学 菅野 仁
科学哲学の冒険―サイエンスの目的と方法をさぐる― 戸田山和久
集中講義！日本の現代思想―ポストモダンとは何だったのか― 仲正昌樹
集中講義！アメリカ現代思想―リベラリズムの冒険― 仲正昌樹
哲学ディベート―〈倫理〉を〈論理〉する― 高橋昌一郎
カント 信じるための哲学―「わたし」から「世界」を考える― 石川輝吉
「かなしみ」の哲学―日本精神史の源をさぐる― 竹内整一
道元の思想―大乗仏教の真髄を読み解く― 賴住光子
詩歌と戦争―白秋と民衆、総力戦への「道」― 中野敏男
ほんとうの構造主義―言語・権力・主体― 出口 顯
「自由」はいかに可能か―社会構想のための哲学― 苫野一徳
弥勒の来た道 立川武蔵
イスラームの深層―「遍在する神」とは何か― 鎌田 繁
マルクス思想の核心―21世紀の社会理論のために― 鈴木 直
カント哲学の核心―『プロレゴーメナ』から読み解く― 御子柴善之
戦後「社会科学」の思想―丸山眞男から新保守主義まで― 森 政稔
はじめてのウィトゲンシュタイン 古田徹也
〈普遍性〉をつくる哲学―「幸福」と「自由」をいかに守るか― 岩内章太郎
ハイデガー『存在と時間』を解き明かす 池田 喬

※在庫品切れの際はご容赦下さい。